LES FOLLES SUPERSTITIONS DES CHAMPIONS

LES FOLLES SUPERSTITIONS DES CHAMPIONS

Étienne BONAMY
Christophe DUCHIRON
Manuel TISSIER

SOLAR

SOMMAIRE

God is
the key
to
success
36

PRÉAMBULE

« Allez, on y croit ! » est l'une des formules les plus connues des sportifs. En quoi, en qui croient-ils ? En leur chance, en leur talent, en leur volonté, en leurs équipiers, bien sûr, mais pas seulement ! Après avoir exploré diverses formes de déni dans de précédents ouvrages (le déni du dopage dans *À l'insu de mon plein gré*, le déni de la défaite dans *Mon slip était trop petit*), nous ouvrons ici un placard contenant un équipement indispensable aux athlètes de haut niveau : la superstition. En vérité, une autre facette du déni, celle qui permet de détourner l'attention ou d'atténuer la pression. Celle qui fait croire que le résultat ne dépend pas uniquement du talent ou de la chance mais, peut-être, d'un enchaînement complexe de comportements immuables.

Cousine de la routine, petite sœur de la préparation mentale, la superstition est un incontestable vecteur d'apaisement au cœur d'une activité ultra-stressante. Les chercheurs et les entraîneurs que nous avons interrogés reconnaissent qu'elle peut être un outil pour aiguiser la concentration. Selon l'ancienne handballeuse Raphaëlle Tervel, elle est une manière de « prévoir l'imprévisible ». C'est aussi un vaste terrain de jeu pour des rédacteurs à l'esprit taquin. Parmi la centaine d'histoires que nous avons réunies, nombreuses prêtent en effet à sourire. Même si, pour les plus radicaux, c'est une question de vie ou de mort !

Les plus grands noms du sport mondial sont sujets à ces troubles pas toujours compulsifs car très organisés : Rafael Nadal, Michael Phelps, Serena Williams, Lionel Messi... Toutes les disciplines sont touchées mais il existe des nids mieux garnis : le hockey sur glace, le base-ball notamment dont l'histoire est truffée de malédictions devenues des éléments de la culture populaire.

Pour naviguer sur cet océan de croyances, de pratiques parfois ésotériques, nous avons organisé cette exploration autour de quelques éléments intangibles où se nichent la plupart des pratiques superstitieuses. Car la vie d'un sportif présente ce paradoxe : il évolue dans la plus grande incertitude (sa forme, son résultat, le sort...) et une éternelle répétition (entraînement, déplacements, compétition, récupération, entraînement, déplacements etc.). Les transports, les repas, le vestiaire, les derniers instants avant la bataille et l'affrontement en lui-même constituent les principaux terrains où se répand la superstition.

Vous y trouverez des attitudes proches de la folie, des épandages d'urine, de sel, des enfouissements de corne de rhinocéros, des doigts d'honneur, des peignoirs, des slips ou des chaussettes fétiches.

Dans cette galerie drolatique de superhéros et de superhéroïnes, la force côtoie la fragilité, la confiance cohabite avec le doute, la science du corps avec la magie de l'âme. Et parfois même tout se mélange, à l'image d'un journaliste, coauteur de cet ouvrage, devenu lui-même l'objet d'une incroyable superstition qu'il raconte en conclusion. Une bonne raison de croire que la lecture de ce livre vous portera bonheur !

LES TRANSPORTS

Par la route, le rail ou les airs, la vie de sportif est une vie de nomade. Entre les compétitions, les stages ou les entraînements, un athlète a plus vite fait de laisser une empreinte carbone qu'une trace dans l'histoire. Les basketteurs américains, par exemple, parcourent chaque saison près de deux millions de kilomètres en avion, soit quarante-cinq tours du monde en neuf mois pour les géants de la NBA. Certains voyages restent aussi gravés dans la légende du sport : l'autocar de Knysna de Raymond Domenech en 2010 ou, tragique, le crash de Munich en 1958, qui coûta la vie à vingt-trois personnes dont huit joueurs de Manchester United. Ces instants d'abandon aux aléas du transport, moments de rêveries, d'espoirs mais aussi de peurs sont donc propices aux croyances les plus baroques, voire carrément farfelues.

CRISTIANO RONALDO

Toujours en forme, toujours au fond (du bus)

Lorsqu'un aéroport porte votre nom, vous ne pouvez pas voyager comme le commun des mortels. À Madère, les avions atterrissent et décollent de Cristiano-Ronaldo. Natif de la petite île portugaise de l'Atlantique, le footballeur n'est pas seulement connu pour ses capacités athlétiques hors norme, ses nombreux records et une carrière de plus de vingt ans. « CR7 » fait aussi partie du gang des sportifs les plus superstitieux de la planète.

De Manchester à Turin en passant par Madrid et aujourd'hui Al-Nassr en Arabie saoudite, l'attaquant aux près de 900 buts s'est bâti la réputation d'un travailleur acharné, attentif aux moindres détails de sa préparation physique… et esthétique. Bien musclé, bien coiffé en toutes circonstances, Cristiano Ronaldo a une routine bien établie.

Seul en bus

Comme tous les membres d'une équipe de sport collectif, Cristiano Ronaldo passe une partie de ses journées dans un autocar. Et l'on a beau être une vedette mondiale, on ne coupe pas aux transferts vers le stade, l'hôtel ou l'avion dans ce type de véhicules, devenus aussi un grand classique des médias : arrivée, départ, descente, montée, ce sont parfois les seules images disponibles pour les télévisions.

Et si vous êtes attentif, vous verrez que le capitaine de la sélection portugaise s'installe toujours sur la dernière rangée, tout au fond, celle avec les six places alignées que se disputent les enfants en sortie scolaire. Six places mais zéro passager à côté de Cristiano : que ce soit en club ou en équipe nationale, personne n'est autorisé à s'asseoir près du patron. Et à la fin du trajet, Ronaldo sera toujours le dernier à sortir… alors qu'il avait été le premier à entrer.

Un air amical

Quand il prend l'air, Ronaldo change de ligne. Contrairement à ses habitudes routières, il se place toujours à l'avant de l'appareil lors de ses déplacements en avion. Avec des revenus estimés à plus d'un milliard d'euros depuis le début de sa carrière, il a évidemment les moyens de le faire pour ses voyages privés (qu'il effectue en jet privé pour la plupart). Mais dans le cadre de ses déplacements professionnels, il a presque toujours choisi le même voisin : le défenseur central Pepe, son coéquipier au Real Madrid pendant près de dix ans et son fidèle vice-capitaine avec le Portugal, buteur à 39 ans et 283 jours lors du Mondial 2022. Un compagnon de victoires autant qu'un porte-bonheur.

Superstitieux polymorphe

Forcément, la vie, les manies, les moindres faits et gestes de ce champion ultramédiatisé, surdoué du ballon rond, sont observés au microscope depuis ses premiers dribbles au Sporting du Portugal. Et il apparaît que les comportements routiniers de Cristiano Ronaldo ne se limitent pas aux moyens de transport.

Même en tant que piéton, le Portugais se prémunit du mauvais sort : les caméras au bord du terrain l'ont surpris à plusieurs reprises en train d'effectuer des pas d'ajustement au moment d'entrer et de franchir les limites de l'aire de jeu. Cette superstition n'est pas inédite. Elle est liée à la réputation maléfique du pied gauche qui existait déjà à l'époque romaine. Les croyances et les rituels de Cristiano se logent aussi dans un accessoire indispensable : ses protège-tibias. Ce père de famille aimant les a fait personnaliser avec les photos de ses enfants et de son épouse : il les embrasse plusieurs fois avant de les fixer, un autre rituel iconique. Comme un doudou.

↑ Le quintuple Ballon d'Or s'est construit une large gamme de rituels, des règles strictes auxquelles il ne déroge jamais.

Présentation au Mrsool Park stadium avec le nouveau maillot du Al-Nassr Football Club à Riyadh le 3 janvier 2023.

PEPE REINA

La super station

La caissière de la petite station-service de Queens Drive ne peut retenir un sourire en coin. C'est jour de match à Liverpool, et comme à chaque fois, Pepe Reina vient faire le plein. Et comme à chaque fois, il ne débourse qu'une dizaine de livres.

Pendant ses huit saisons dans le Nord de l'Angleterre, le gardien de but espagnol n'aura jamais dérogé à ce rituel. À chaque match à domicile, six heures pile avant le coup d'envoi, Reina passe par cette même station à mi-chemin entre sa maison et le stade. Il peut ensuite se garer à la place numéro 39 du parking d'Anfield Road : « J'ai déjà essayé la 41, la 42 et quelques autres mais quand je me suis garé à la 39, nous n'avons pas encaissé de buts pendant deux semaines alors je n'ai plus changé », écrit-il dans son autobiographie, parue en 2011. « Mon envie de gagner m'a rendu superstitieux », affirme l'ancien portier des Reds. Et la liste de ses routines d'avant match remplit plusieurs pages de son ouvrage. Cela commence dès la veille de la rencontre avec un dîner immuable avant d'aller dormir : des toasts au jambon et au fromage avec un verre de vin. Le lendemain, pâtes et poisson au déjeuner, puis une douche dans le vestiaire après s'être déshabillé toujours dans le même ordre : veste, cravate, chemise, chaussures, pantalon et chaussettes. Reina s'assure ensuite qu'il sort le dernier du vestiaire et qu'il franchit deux fois la ligne blanche avec son pied droit, un pas en avant, un pas en arrière afin de « rester calme », dit-il. L'international espagnol reconnaît que cela peut paraître étrange mais il ajoute que « dans le football, les plus petits détails peuvent faire de grandes différences ». Sa riche et longue carrière semble valider les pratiques ésotériques de ce grand superstitieux. À 41 ans, après avoir gagné dans les quatre plus grands championnats européens, Reina joue toujours à Villareal.

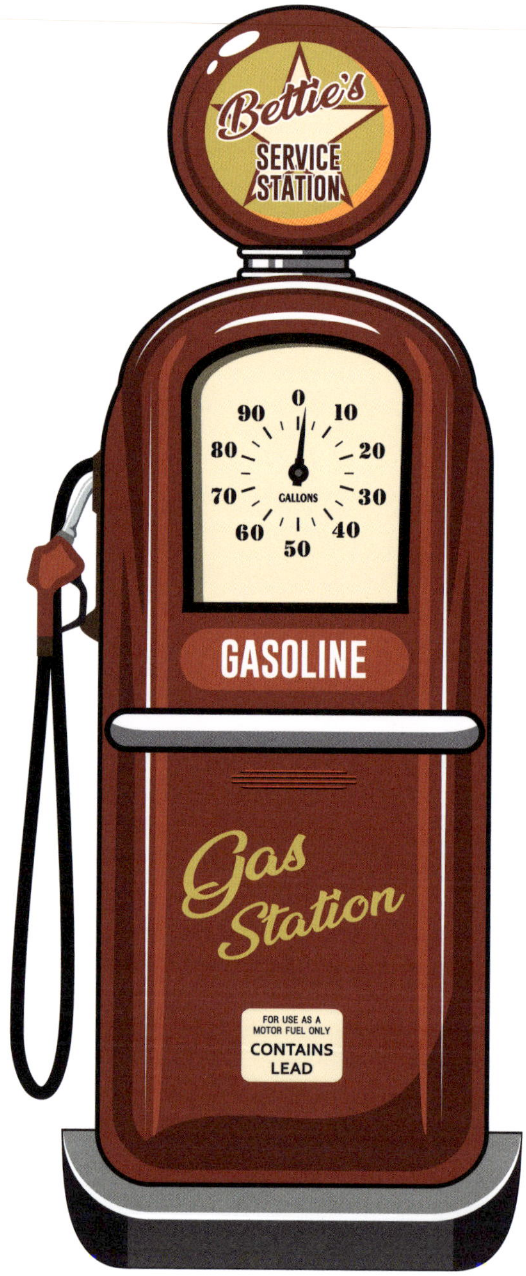

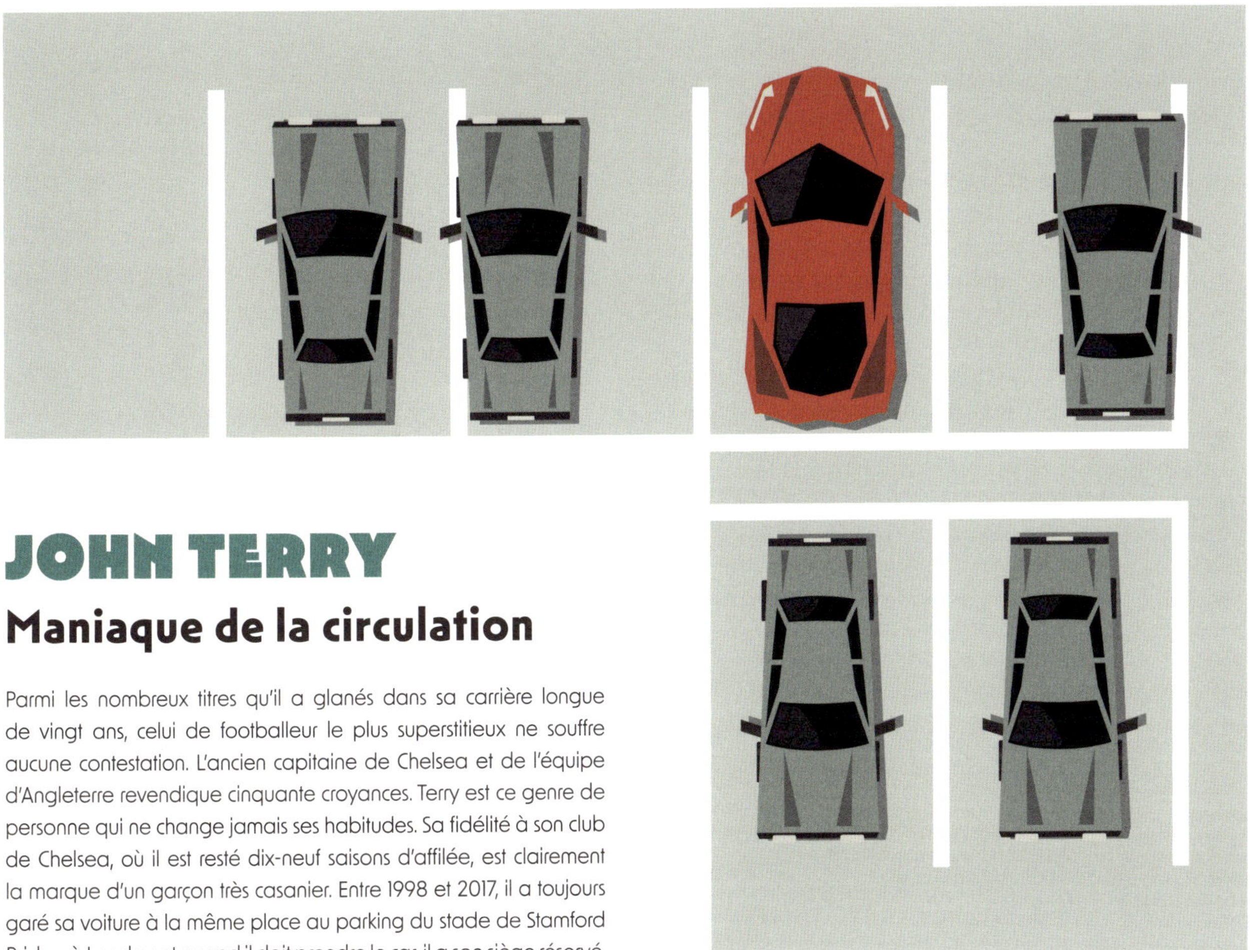

JOHN TERRY

Maniaque de la circulation

Parmi les nombreux titres qu'il a glanés dans sa carrière longue de vingt ans, celui de footballeur le plus superstitieux ne souffre aucune contestation. L'ancien capitaine de Chelsea et de l'équipe d'Angleterre revendique cinquante croyances. Terry est ce genre de personne qui ne change jamais ses habitudes. Sa fidélité à son club de Chelsea, où il est resté dix-neuf saisons d'affilée, est clairement la marque d'un garçon très casanier. Entre 1998 et 2017, il a toujours garé sa voiture à la même place au parking du stade de Stamford Bridge à Londres et quand il doit prendre le car, il a son siège réservé. Mais ses empilements de superstitions – il le reconnaît lui-même dans une interview de 2005 au *Daily Mirror* – peuvent lui jouer des tours. Ainsi, lors d'un match de Ligue des champions face à Barcelone, il découvre que sa place de parking fétiche est occupée. Alors toutes les heures, il revient pour vérifier et finit par donner ses clés de voiture à l'un des assistants du club pour qu'il se charge de garer son auto au bon endroit dès que la place se libérera. Ce qui est fait à quelques minutes du coup d'envoi, à son grand soulagement.

Cette aversion du changement a même contaminé le reste de l'équipe et a failli valoir quelques ennuis aux Blues. Terry raconte que, depuis ses jeunes années, il utilise toujours le même urinoir dans le vestiaire, à domicile, à la suite d'une victoire. En 2015, les succès s'enchaînant, plusieurs de ses coéquipiers ont décidé de suivre leur capitaine dans ce rituel sanitaire. À tel point que trois, puis cinq, puis sept joueurs se mettaient en file indienne en attendant que l'urinoir « magique » fût disponible. En cours de saison, un responsable de la fédération anglaise appela le club pour se plaindre que les joueurs de Chelsea arrivaient toujours trop tard sur la pelouse. Personne n'osa révéler la raison pour laquelle la sortie du tunnel n'était pas très... fluide.

« J'AI DÉJÀ ESSAYÉ LA 41, LA 42 ET QUELQUES AUTRES MAIS QUAND JE ME SUIS GARÉ À LA 39, NOUS N'AVONS PAS ENCAISSÉ DE BUTS PENDANT DEUX SEMAINES. »

Pepe Reina

MIRCEA LUCESCU

Rétro-visionnaire

L'adjectif « légendaire » est parfois associé au nom de Mircea Lucescu. Cet ancien footballeur international roumain (40 sélections) des années 1960 et 1970 est devenu un entraîneur à succès, d'abord avec le Dinamo Bucarest puis, après la révolution roumaine de 1989, en Italie, en Turquie mais surtout en Ukraine. Avec « l'équipe des mineurs » du Chakhtar Donetsk, renforcée par des virtuoses brésiliens, il a remporté huit titres nationaux et, en 2009, la Coupe de l'UEFA. Lucescu fut aussi l'un des premiers techniciens du continent à utiliser la vidéo pour analyser son équipe et ses adversaires. Un pionnier, donc. Mais Lucescu n'est pas qu'un adepte des méthodes rationnelles, et avec lui, la légende peut être urbaine et... motorisée. Le Roumain croit dur comme fer à une règle de conduite (au sens propre) dont l'origine n'est pas connue : jamais au grand jamais le car qui transporte son équipe ne doit faire marche arrière lorsque les joueurs sont à l'intérieur ! Et de surcroît, aucune femme n'est autorisée à monter dans le véhicule sous peine de malheur ou de défaite, ce qui revient à peu près au même dans l'esprit de ce compétiteur compulsif. Lucescu, né en 1945, ne s'est jamais distingué par son progressisme : récemment, il déplorait que son équipe du Dynamo Kiev ait perdu en Ligue Europa Conférence contre « l'équipe nationale africaine » car le Besiktas Istanbul comptait deux joueurs congolais, un camerounais, un ghanéen et un gambien. Il serait temps de passer la marche avant, coach !

SIDNEY CROSBY

Champion toutes catégories

Légende du hockey sur glace, le Canadien Sidney Crosby est aussi célèbre pour ses multiples superstitions que pour sa précocité et son immense palmarès : trois coupes Stanley avec les Pittsburgh Penguins en NHL, deux titres olympiques avec le Canada. Il est l'égal de Wayne Gretzky ou Mario Lemieux dans la mythologie de la discipline.

Dès l'âge de 7 ans, « Sid the Kid » donne ses premières interviews pour le journal local de Cole Harbour, petite bourgade près d'Halifax. À 14 ans, ses entraîneurs vantent sa formidable science du jeu, un « savant » ou « un joueur d'échecs », selon les commentateurs qui se penchent sur son cas. Pourtant, la vie de Crosby se décline en une multitude de rites bien peu rationnels qui semblent s'être ajoutés au fil des ans. Virtuose du déplacement sur glace, le centre des Penguins a développé une étrange habitude lorsqu'il circule sur la route. En voiture ou en autocar, il lève les jambes dès que le véhicule franchit des rails, de trains ou de tramways, et il doit toucher du verre immédiatement après ! Quand le hockeyeur se fait piéton, il évite systématiquement de passer devant le vestiaire de ses adversaires, quitte à faire un long détour. Et l'on ne parle ici que de ses manies de transport, mais Crosby refuse également de parler à sa mère et à sa sœur les jours de match car de précédentes conversations avec elles ont coïncidé avec des blessures. Coïncidences ? Crosby n'y croit pas, pour lui ce n'est pas un hasard.

Manies routinières ou étranges habitudes

Dans le nid de superstitieux qu'est le hockey nord-américain, Crosby est un aigle royal. En 2021, l'association des joueurs de la Ligue nationale de hockey a réalisé un sondage auprès de cent joueurs de la NHL pour élire le champion toutes catégories... et qui l'a emporté haut la crosse ? Le capitaine des Penguins, bien sûr. À cette occasion ses coéquipiers ont fait la liste de toutes ses manies routinières ou de ses habitudes étranges. Par exemple, les renouvellements de ses contrats avec la franchise de Pittsburgh mentionnent toujours le nombre 87, son année de naissance et le numéro qu'il porte depuis qu'il a été choisi en 2005. Ce qui donne le montant de 8,7 millions de dollars par saison. Ce clin d'œil contractuel n'est qu'une petite part de ce qui apparaît comme une véritable obsession. Elle touche aussi bien son équipement (il n'a pas changé la coque de protection de son entrejambe depuis la fin de l'université) que l'alimentation : avant chaque match, Crosby mange une tranche de pain de mie tartinée de beurre de cacahuète et de gelée aux fruits. Toujours la même marque pour les trois ingrédients, toujours à 17 heures. Sur sa tête, il porte la même casquette tout le long de la saison, qu'il ne lave jamais. Dans le vestiaire, il enroule lui-même ses crosses avec de la bande adhésive, et une fois l'opération réalisée, plus personne n'a le droit de toucher son équipement. Si cela arrive, Crosby refait tout.

Loin d'agacer ses partenaires, la *Crosby way of life* est une source d'amusement et suscite l'affection. Pour son millième match, toute l'équipe des Penguins a singé l'une de ses célèbres marottes : un genou posé à terre, l'autre jambe tendue, tous les coéquipiers ont serré les lacets de leurs patins comme le fait systématiquement leur capitaine. Celui-ci a juste souri mais sans commentaire car, dit-il, « parler de ses superstitions porte malheur ».

→ Sidney Crosby et ses Pittsburgh Penguins remportent la Coupe Stanley 2016.

JAMAIS AU GRAND JAMAIS LE CAR QUI TRANSPORTE SON ÉQUIPE NE DOIT FAIRE MARCHE ARRIÈRE LORSQUE LES JOUEURS SONT À L'INTÉRIEUR !

« La superstition, c'est surtout une affaire de posture »

Manon Eluère

Manon Eluère est docteure en psychologie du sport. En 2017, elle a publié, avec Stéphane Héas, un article de recherche intitulé « Superstitions, culture et sports, entre croyances et rationalisations. Le cas exploratoire d'une équipe féminine de volley-ball en France ». Dans ce travail, elle a mené une enquête auprès de joueuses françaises, américaines et brésiliennes et constaté que le rapport à la superstition varie notamment en fonction de critères culturels. Rencontre.

Comment en êtes-vous venue à vous intéresser à la superstition dans le sport ?

Au tout début, c'était dans le cadre d'un concours pour partir aux États-Unis avec l'ENS [École normale supérieure], il fallait proposer un sujet d'étude. J'étais passionnée par les sciences du sport et par la sociologie et la psychologie du sport.
À l'époque, la littérature était très peu fournie, surtout en France. Mon étude est ce que l'on appelle une « question de terrain » car la superstition, je l'avais observée chez moi et chez les autres. Je m'étais rendu compte qu'en changeant de sport, où j'évoluais entre le niveau régional et national, je changeais mes rituels. Un peu par conformisme, un peu par volonté d'intégration, j'étais une éponge : au basket, je mettais des grandes chaussettes ; au volley, je me faisais les ongles aux couleurs du club. Avec ce sujet, j'ai trouvé une question de recherche qui me passionnait, un peu complexe et peu explorée.

Alors dites-nous, pourquoi tant de comportements superstitieux dans le sport de haut niveau ?

Les rituels superstitieux ont tendance à se développer dans des contextes qui sont particulièrement incertains et où la chance va tenir un rôle important dans la performance ou le résultat. Et le sport professionnel répond à ces caractéristiques : un match de tennis peut se gagner selon qu'une balle tombe d'un côté ou de l'autre après avoir touché la bande du filet... L'un des sports où il y a le plus de superstition, c'est le base-ball, qui est un sport incroyablement incertain.
Dans le milieu de la haute performance, les sportifs cherchent à contrôler au maximum tous les aspects de leur environnement, la préparation physique, technique, mentale, la nutrition. Et la superstition, elle, arrive pour contrôler ce qui est incontrôlable. Elle sert aussi à réduire le stress, à dissiper les zones d'ombre chez le compétiteur, à lui donner une réponse.

Qu'est-ce qui différencie la superstition d'une pratique religieuse ou d'une routine d'avant match ?

Ce n'est pas si évident, car les frontières sont assez minces dans le sport de haut niveau. Globalement, la grande différence avec la religion, c'est le lien avec une institution, il n'y a pas d'Église, de Mosquée de la superstition, ni même de liturgie. Mais il y a aussi une différence en matière de pratique, car une personne qui est croyante au sens religieux du terme est convaincue de l'effet de ses prières, de l'importance de sa foi. Le superstitieux, lui, même le plus radical, est conscient du caractère irrationnel de ce qu'il met en place, du fait que ce n'est pas une science exacte, que ça peut ne pas fonctionner. Il y a aussi une différence entre les superstitions disons « classiques », comme passer sous une échelle, voir un chat noir, et ce que j'appellerais des « rituels superstitieux » où l'on s'engage dans des actions répétitives, formelles, séquentielles pour contrôler des facteurs externes. Ce qui va distinguer les superstitions des routines de préperformance, c'est l'aspect rationalité/irrationalité. La superstition est parfois définie comme quelque chose d'insolite alors que la routine, que ce soit pour la concentration ou pour la préparation physique, c'est très précis, c'est physiologique, voire scientifiquement validé par un professionnel. Mais c'est parfois encore plus flou, à l'instar des tics de Rafael Nadal : à la fois cela paraît insolite, superstitieux et inutile, mais en même temps, c'est un moyen aussi efficace que des exercices de projection mentale ou de respiration.

D'ailleurs dans votre étude, certaines joueuses réfutent le terme de « superstition »...

Oui, une des volleyeuses américaines de l'équipe étudiée admet avoir beaucoup de routines dans sa vie mais pas de superstitions. Pourtant, dans un entretien, elle m'explique qu'elle a jeté à la poubelle un bandeau qu'elle n'avait porté qu'une fois, le jour d'une défaite ! C'est parfois une affaire de posture, la superstition... Avec des conflits cognitifs, parce qu'on se dit : « C'est un peu stupide, mais je vais quand même écrire dans mon short "*Jump high*", car c'est ce que j'ai toujours fait depuis que je suis enfant. »

Dans votre étude, vous validez l'hypothèse que le rapport à la superstition est aussi affaire de culture...

Il me semble que ce que l'on appelle la « socialisation primaire » (la famille, l'origine sociale et géographique) joue un rôle central dans notre posture vis-à-vis de la superstition. L'inconfort des Américaines quand elles parlent des rituels de superstition vient sans doute de là : c'est un pays qui s'est construit sur la « religion civile », il y a cette idée du *self-made man*, que l'on peut tous y arriver à force de travail et que la chance n'a pas grand-chose à voir dans la réussite. En France également, on a cet héritage très fort de méritocratie. On a peur aussi d'être jugé si on croit trop à des pratiques irrationnelles. L'idée que l'on se tourne vers des expédients pour évacuer son stress ou son angoisse peut apparaître comme un signe de fragilité.

« LA SUPERSTITION, ELLE ARRIVE POUR CONTRÔLER CE QUI EST INCONTRÔLABLE. »

Les Brésiliennes que j'ai interrogées sont en revanche très à l'aise avec l'idée de la superstition. Elles l'englobent dans une approche spirituelle et se servent de toutes les ressources à leur disposition : dans la préparation du match, le recours au porte-bonheur ou à la prière.

Mais il faut aussi tenir compte de la dynamique d'une équipe, dans laquelle cela peut devenir un élément de cohésion dont on parle ouvertement, ou alors un facteur excluant si cela passe pour de l'excentricité ou une entorse à l'orthodoxie religieuse.

L'âge peut-il avoir une influence sur les rituels superstitieux ?

D'après la littérature scientifique, on pourrait dire que les jeunes sont plus sensibles à la superstition parce qu'ils nourrissent plus de stress, ont plus de choses à prouver au sein du groupe. On voit des jeunes qui viennent de signer leur premier contrat professionnel et qui ont encore le bac à passer la même année, ils évoluent dans un contexte très pesant. On note aussi une tendance au conformisme qui laisse penser que les jeunes sportifs sont plus perméables aux pratiques du groupe qu'ils intègrent. Mais ça demanderait d'autres enquêtes plus poussées pour valider cette hypothèse.

Et entre les femmes et les hommes, existe-t-il une différence ?

Il n'y a qu'une seule étude qui indique que les femmes seraient plus superstitieuses que les hommes.

Peut-il exister une contagion de la superstition dans des groupes de sportifs ?

Mon étude de cas ne le démontre pas formellement, mais ce que je peux vous dire, c'est que je n'ai jamais été aussi superstitieuse dans ma pratique sportive que l'année où j'ai mené cette étude ! Je jouais au volley dans des compétitions universitaires et, au championnat de France, j'avais fait customiser mes chaussures avec des messages personnels ! En fait, je m'étais servie de rituels dont j'avais entendu parler, j'ai été « matrixée » par mon objet d'étude !

LA FOLIE DES OBJETS FÉTICHES

Si à chaque passage en douane tous les athlètes du monde vidaient leur sac, on pourrait dresser l'inventaire excentrique des objets fétiches : croix de bois, cochon en métal, slip à l'envers, pièces de monnaie, médailles, caleçon, soutien-gorge, chaussettes, basilic, trèfle à quatre feuilles, cravate rouge, bandana bleu, ruban jaune... On en passe et des plus fous. Les athlètes expliqueraient aux douaniers que ces objets sont bien plus que ce qu'ils paraissent : ce sont des totems, des talismans, des amulettes, des grigris, des doudous. Ils sont l'une des nombreuses manifestations de la superstition sportive. Certains ne se privent pas de chérir leur porte-bonheur, d'autres leur prêtent une âme. Le surnaturel améliorerait-il réellement les performances ? Des études tendent à prouver que l'activation d'une pensée superstitieuse juste avant une compétition renforcerait la confiance des athlètes dans leur capacité à réussir.

MARCEL CERDAN

SUPERSTITIEUX DEVANT L'ÉTERNEL

Champion du monde de boxe, cogneur de légende, amant d'Édith Piaf, Marcel Cerdan était moins connu pour ses nombreuses superstitions, sur le ring et dans la vie.

27 octobre 1949. Aéroport d'Orly. 20 heures. Face aux photographes, alignés au pied de la passerelle, le visage de Marcel Cerdan s'éclaire d'un large sourire. Sous un manteau clair, il porte, avec élégance, un costume bleu nuit. Le costume porte-bonheur. Celui qui éloigne le mauvais sort. Le bleu est sa couleur fétiche. Destination New York. Le 2 décembre, Cerdan doit affronter Jake LaMotta qui lui a ravi sa couronne de champion du monde des poids moyens six mois auparavant. « Je ramènerai mon titre, déclare Marcel, je vais me battre comme un lion. »

Il est verni, Marcel ! Il était prévu qu'il traverse l'Atlantique en bateau mais Édith Piaf qui triomphe dans un cabaret de Manhattan le réclame à cor et à cœur. Au téléphone, elle lui a dit : « Prends l'avion, le bateau c'est trop long. » Avec Édith, c'est un coup de foudre qui dure depuis un an. L'avion est complet mais un couple d'Américains en voyage de noces à Paris accepte de céder sa place. Vraiment, il est verni, Marcel !

Il s'installe à l'avant de l'appareil. Bientôt il volera vers Édith et vers une gloire encore plus grande que tout ce qu'il a connu s'il parvient à battre LaMotta.

Cerdan a 33 ans. Il boucle sa ceinture. À 20 h 06, l'avion décolle. Sa vie, déjà, se raconte comme un roman.

Le short bleu

Naissance en 1916, enfance à Casablanca. Milieu modeste. Marcel préfère le football à la boxe mais son père veut en faire un boxeur. Alors Marcel enfile ses gants. Il démarre sa carrière en 1934. Il gagne parce qu'il possède un punch dévastateur et… un short bleu qui lui porte chance. Sur ce short, par amour, sa mère a cousu une bande blanche dans laquelle elle a glissé une médaille de l'Enfant Jésus. Marcel boxe sous protection. Ce short bleu, Marcel le portera jusqu'à son dernier match en souvenir de sa mère disparue alors qu'il avait 18 ans. Il y a le short, donc, et le peignoir bleu qui l'enveloppe du vestiaire jusqu'au ring. Toujours le même peignoir. Toujours la même réussite. Champion de France ! Champion d'Europe !

La médaille de Jésus championne du monde

21 septembre 1948. Jersey City. Roosevelt Stadium. Le vestiaire a l'odeur moite de la sueur. Marcel va tenter de détrôner l'Américain Tony Zale, champion du monde des poids moyens, surnommé « l'homme d'acier ».

« VOUS VOYAGEZ TROP SOUVENT EN AVION, FAITES ATTENTION. »

Dans l'après-midi, comme il en a l'habitude les jours de combat, Marcel a fait brûler un cierge à l'église la plus proche. Il est croyant, Marcel. Il croit en sa bonne étoile. À cause de la retransmission télévisée américaine, les organisateurs lui ont demandé de porter un short blanc à bandes noires pour le différencier de son adversaire, de noir vêtu. Marcel ne proteste pas. Sous le short blanc, il a enfilé son short fétiche bleu à bande blanche, celui que lui avait confectionné sa mère dans les années 1930, avec la médaille de l'Enfant Jésus. Dessus ou dessous, ce short lui colle à la peau.
22 heures. Cerdan arrive sur le ring. Dans la poche de son peignoir bleu, il triture un bout de papier qu'il a lu et relu, un porte-bonheur, signé de ses fils Marcel, René et Paul, un télégramme reçu trois heures avant le début du combat : « Frappe fort papa chéri. »
22 h 13. Premier coup de gong. Marcel fait un rapide signe de croix. Il murmure pour lui-même : « Maman, fais-moi gagner. » Sa femme Marinette est restée à Casablanca. Édith Piaf, avec qui il entretient la plus célèbre et la plus secrète des histoires d'amour, assiste au combat. Édith tremble pour Marcel. Comme lui, elle est superstitieuse. Comme lui, elle est croyante. Elle voue une dévotion totale à sainte Thérèse depuis une guérison miraculeuse pendant son enfance. Devenue aveugle à l'âge de 6 ans, elle aurait recouvré la vue après un pèlerinage à Lisieux. Chaque fois que boxe Marcel, elle allume un cierge et elle asperge d'eau bénite la photo de son boxeur.

Au 4e round, Édith se tord les mains d'angoisse. Elle appelle sainte Thérèse à la rescousse. Au 11e round, Marcel est déchaîné. Tony Zale est saoulé de coups, à bout de forces. Au 12e round, il ne reprend pas le combat. Cerdan est champion du monde. Cerdan est un héros national. Cerdan est une légende vivante. « Un éclair de joie a traversé la France », écrira le journal *L'Équipe*. Cerdan n'est plus seulement un boxeur. Il est un symbole.

Quand les rituels ne suffisent pas

Le règne de Marcel Ier, roi des poids moyens, ne dure que neuf mois. Le 16 juin 1949, à Détroit, il perd son titre face à Jake LaMotta, « le taureau du Bronx » qu'on sait attaché à la mafia italo-américaine. Le match se déroule en plein air. Il pleut. Lorsque la pluie cesse, les organisateurs se dépêchent d'avancer le combat de trente minutes. Ce changement de programme empêche Cerdan d'accomplir son échauffement habituel. Dès le début de la confrontation, il glisse et se blesse à une épaule. Il est dur au mal et combatif mais il abandonne au 11e round. Malgré son short bleu fétiche enfilé, cette fois, sous un short noir. Malgré le cierge brûlé à l'église. Malgré l'amour et les prières d'Édith Piaf. Il n'a pas tout perdu : on lui accorde une revanche.

Le voyage de la reconquête

27 octobre 1949, 21 heures. À bord du *Constellation*, l'avion qui l'emmène à New York pour le match revanche. On l'appelle « l'avion des stars ». En raison de mauvaises conditions climatiques, le commandant de bord a décidé de modifier son plan de vol. À la place de l'Irlande, l'avion fera escale à l'aéroport de Santa-Maria, sur l'île des Açores, le temps du ravitaillement en carburant.
Avant de partir, Marcel s'est entraîné comme jamais et, pour tenter d'apprivoiser l'imprévisible, il a consulté une sorte de mage, un diseur de bonne aventure. « Montrez-moi la paume de vos mains, s'il vous plaît. » Marcel s'exécute. Silencieux, l'autre scrute le chemin que tracent les lignes à l'intérieur de ses grosses pognes. Verdict : « Vous voyagez trop souvent en avion, faites attention. » Marcel préfère en rire.

← Salle Wagram à Paris, le 8 janvier 1928, Cerdan (les bras levés), dans un combat contre Eddie Ran.

Le *Constellation* n'arrivera jamais à destination. Ni les 37 passagers, ni les 11 membres d'équipage. À cause d'un brouillard épais, l'avion a percuté une crête montagneuse et s'est disloqué. Cerdan, « le bombardier marocain », a terminé son vol dans les débris. Son corps sera identifié sans difficulté. Il porte deux montres, l'une à l'heure de Paris, l'autre indique l'heure de New York, une montre de belle marque gravée à ses initiales, offerte par Édith Piaf, un cadeau qui devait lui porter chance. Quant au short bleu qu'il aurait porté sous un autre, il gît quelque part, enfoui peut-être dans un fourré.
Une ombre de tristesse s'abat sur le pays. « Il était la vie… », titre le journal *L'Équipe*. Il était une légende vivante. Il deviendra un mythe. À New York, au soir du drame, Piaf trouve la force de monter sur scène, elle qui l'avait supplié d'avancer son départ et qui l'a projeté dans les griffes du destin. Les musiciens lancent les premières notes, elle s'approche du micro et entonne *L'Hymne à l'amour* adressé à Cerdan : « Si un jour, la vie t'arrache à moi, si tu meurs, que tu sois loin de moi… » À la fin de la chanson, elle s'effondre, ivre de chagrin.

La superstition en héritage

Quand meurt « le bombardier marocain » son fils Marcel Junior a 6 ans. Ce petit Marcel, qui crachait dans la main de son père pour lui porter chance, mettra les gants à son tour. Sur un ring, il ne manque pas de style. Il lui manque juste l'essentiel : le punch. Il entame une carrière de boxeur professionnel en 1964. « Il sera champion du monde », assure dès son premier combat son manager. Marcel Junior a hérité de quelques manies superstitieuses. À chaque match, il accomplit le même rituel : à côté de ses affaires, il range le short blanc que Cerdan portait lors du combat contre Tony Zale, une paire de gants miniature offerte par son père, une dizaine de photos jaunies, embrassées des milliers de fois. « Chaque fois que je suis sur le ring, dit Marcel Junior, mon père est avec moi. »
Marcel Cerdan Junior ne sera ni champion du monde, ni champion d'Europe. En décembre 1972, après un échec en championnat de France, il raccroche les gants. En 1983, il joue le rôle de son père dans le film de Claude Lelouch, *Édith et Marcel*. Sans doute son meilleur combat. Grâce au cinéma, il eut, le temps d'un film, le punch et la gloire de papa.

→ Marcel Cerdan Junior, boxeur comme son père, moins superstitieux mais aussi moins talentueux.

NORTH
23
CAROLINA
32
and
to
the

MICHAEL JORDAN

DESSOUS CHIC

En vingt ans d'une carrière phénoménale, l'iconique Michael Jordan a accumulé les titres de gloire, les superlatifs laudateurs, les records toutes catégories et les dollars. Et si tout cela tenait à son short porte-bonheur ?

Avant d'être une superstar planétaire, aussi chauve que riche, Jordan a foulé les parquets du championnat universitaire américain dans l'équipe de North Carolina. En 1982, il dispute la finale de cette compétition qui passionne les fans de basket et qui constitue l'antichambre de la prestigieuse NBA. Il reste 18 secondes à jouer. North Carolina est menée d'un point par Georgetown. Le ballon arrive dans les mains de Michael Jordan, 19 ans, maillot floqué du numéro 23. Il arme son tir. Encore faut-il avoir des nerfs d'acier, un parfait équilibre, une adresse diabolique. Aucune de ces qualités ne lui fait défaut. Le ballon termine sa course dans le cercle. Panier décisif ! North Carolina s'impose 63-62. « Cette finale, c'est la naissance de Michael Jordan », dira Michael Jordan qui aime bien parler de lui-même à la troisième personne.

Le short fétiche habite au 23

En 1984, juste après avoir empoché le titre olympique avec l'équipe américaine, Jordan dispute son premier match en NBA au sein des Chicago Bulls. Dans la salle, il n'a échappé à personne qu'il portait le numéro 23, son numéro fétiche. En revanche, qui peut savoir que sous le short rouge de sa tenue, il a enfilé le short bleu de North Carolina, celui-là même qu'il portait lors du championnat universitaire ? Jordan a bien caché son jeu. Son short, cher à son corps, va devenir compagnon de route. Il le portera tout au long de sa carrière, et lui aurait même donné un surnom : *my every game short,* « mon short de tous les matches ». Le cérémonial du double short aurait pu s'accomplir dans l'intimité d'un vestiaire mais il va prendre une tournure inattendue. Voici les dessous de l'affaire.

Pour être à l'aise dans ses déplacements, sachant qu'il porte un short sous son short, Jordan demande à son équipementier de lui confectionner un short plus long et plus ample. À l'époque, le short est court et moulant. Avec Jordan, on va passer du haut de la cuisse au-dessus du genou. Parce qu'il est le meilleur, son short va faire école, et le modèle « baggy » va s'imposer, peu à peu, à toutes les équipes. Involontairement, Jordan est à l'origine d'une révolution ! Le dessous a modifié le dessus. Quarante ans ont passé et ce changement vestimentaire est encore à la mode.

> **« C'ÉTAIT DIEU DÉGUISÉ EN MICHAEL JORDAN. »**
> Larry Bird

La langue bien pendue

Avec son mètre quatre-vingt-dix-huit, il n'était pas le plus haut des basketteurs mais il est considéré comme le plus grand. Collectionnant les titres de meilleur joueur de la NBA dont il a remporté six fois le championnat, Jordan avait donc un faible pour les superstitions.

Il lui fallait aussi une paire de chaussures neuves à chaque match, et il fumait le cigare dans sa voiture en se rendant au stade les jours de match. Une habitude prise à Chicago dans les embouteillages qui est devenue un rituel.

En 1986, en play-off face aux Celtics de Boston, Jordan réussit à inscrire 63 points ! Son adversaire, le légendaire Larry Bird, s'est exclamé : « C'était Dieu déguisé en Michael Jordan. » Ce qui tendrait à prouver que, sous sa robe immaculée, Dieu, lui aussi, portait un short fétiche !

JASON TERRY

LA NUIT DES SHORTS MAUDITS

De 1999 à 2018, Jason Terry ne s'est jamais départi de croyances qui le classent, sans conteste, parmi les joueurs les plus superstitieux de l'histoire de la NBA. « Je suis différent », avait-il l'habitude de dire. Une évidence !

Voici le genre de basketteur dont la carrière relève de la performance sportive et du guide touristique. Né en 1977 à Seattle, Jason Terry a joué dans le championnat universitaire à Tucson puis chez les professionnels à Atlanta, Dallas, Boston, Brooklyn, Sacramento, Houston et en fin de parcours à Milwaukee. Jason Terry n'est pas n'importe qui ! Meneur de jeu, réputé pour son adresse, surnommé « Jet » en raison de ses initiales : Jason Eugene Terry. Et aussi parce qu'il lui arrivait, après un tir à trois points réussi, d'écarter les bras comme des ailes d'avion. Le goût du voyage, décidément ! Et du voyage dans le bizarre ! Son penchant superstitieux se manifeste dès la période universitaire alors qu'il fait chambre commune avec son partenaire Mike Bibby. Tout commence la nuit qui précède un match contre Kentucky. Les deux jeunes basketteurs sont tellement excités à l'idée de jouer qu'ils ne trouvent pas le sommeil. « Nous nous sommes dit : "Préparons-nous pour ce match. Enfilons notre tenue. Nous serons prêts", se souvient Terry. Nous sommes arrivés au match déjà habillés et nous avons gagné, donc on a continué. » Ainsi, à la veille de chaque rencontre, ce Jason des temps modernes échange son pyjama contre la toison bariolée de son équipe.

Extravagance nocturne

Quelques années plus tard, alors qu'il évolue dans les rangs professionnels, Jason se lasse de sa routine. Il en a marre de porter ses couleurs avant de s'endormir. Peut-être que sa femme se lasse aussi. Alors Jason prend une grande décision : désormais, il se mettra au lit avec le short de l'équipe adverse. Pas une réplique achetée en magasin, mais un short qui a déjà été porté ! En 2012, il s'en expliquait sur la chaîne ESPN : « Vendredi soir, j'ai dormi avec le short des Wizards de Washington avant de jouer contre eux samedi. John Wall est un bon pote à moi donc j'ai son short de l'année dernière. Ce que je compte faire, c'est avoir deux shorts de toutes les équipes de la ligue. Pour le moment, j'en ai un de chaque team. »

Ce curieux mélange de routine, de tactile et de tactique demande une organisation de premier ordre puisque Terry s'est mis en tête de récupérer les trente shorts des équipes de la ligue de basket nord-américaine. « J'ai des amis dans plus de 75 % des équipes. Mais pour les équipes dans lesquelles je n'en ai pas, avec un billet de 20 ou de 100 dollars, vous pouvez vous procurer un short auprès de l'intendant du vestiaire. Je ne peux évidemment pas citer mes sources, mais oui, j'ai soudoyé un paquet de mecs. »

Outre son extravagance nocturne, Terry a ses lubies du jour. Avant chaque match, il mange du poulet. Et seulement du poulet. Il a commencé à l'université avec des bâtonnets frits. Puis, diététique oblige, il est passé au poulet grillé ou au poulet rôti. Jason est un obsédé : « Je ne peux pas m'écarter du poulet ! »

En match, il porte toujours un bandeau sur le front et des chaussettes hautes. Pour le bandeau, il n'a jamais livré d'explication. En revanche pour les chaussettes, cela remonte à l'époque de l'université. Une fois, il a oublié ses chaussettes habituelles, et mis une paire de rechange mais là, catastrophe : neuf tirs consécutifs et zéro panier. Le match d'après, il retrouve ses chaussettes hautes et son adresse. Dès lors, il considère que ses chaussettes sont un élément déterminant de sa réussite.

Des chaussettes aux chaussures, il n'y a qu'un pas. Si Jason réalise un mauvais début de rencontre et qu'il manque cruellement d'adresse au tir, il change de chaussures à la fin du premier quart-temps. « Je viens de Seattle, où nous disons : "C'est la faute de la pluie" », a déclaré Terry. Ses superstitions multiples n'empêchent pas Terry de faire preuve de lucidité : « Mes filles disent que je suis un cinglé. Et je ne peux pas dire que ne suis pas d'accord. » Qu'en pense sa femme ?

« VENDREDI SOIR, J'AI DORMI AVEC LE SHORT DES WIZARDS DE WASHINGTON AVANT DE JOUER CONTRE EUX SAMEDI. [...] J'AI UN SHORT DE CHAQUE TEAM. »

Soyance

BASILE BOLI
LA FÊTE DU SLIP

Pendant dix ans, les jours de match, Basile Boli a porté le même slip. Ce slip devenu légendaire a connu une fin de carrière en apothéose, le 26 mai 1993, en finale de la Ligue des champions.

C'est l'histoire d'un slip qui a fait corps avec un joueur d'exception. Sans doute le slip le plus célèbre du football français. Un slip kangourou blanc, disposant, pour celles et ceux qui l'ignoreraient, d'une poche sur le devant. « On se raccroche à ce qu'on peut en tant que sportif, alors je me faisais un devoir de l'avoir », a déclaré Basile Boli en 2020 dans les colonnes de *La Provence*.

Slip à Auxerre

L'attachement indéfectible de Basile à son slip remonte à 1983. Il le porte le jour où il dispute son premier match professionnel dans les rangs de l'équipe d'Auxerre. Boli a 16 ans. Né en Côte d'Ivoire, arrivé en France en 1980, jeune pousse du centre de formation auxerrois, ce défenseur central du genre athlétique décide de faire de ce sous-vêtement un porte-bonheur, et, mieux qu'un slip, un soutien moral.

C'est le début d'une fidélité à toute épreuve. Ce slip a résisté admirablement aux aléas de la compétition et bénéficié du concours d'une main experte : « Ma femme, Geneviève, le raccommodait et le recousait tout le temps », a dit Boli. Basile et son slip joueront près de 300 matchs sous les couleurs auxerroises, 45 fois en équipe de France, mais la consécration, c'est avec l'Olympique de Marseille qu'ils vont la connaître.

Slip à Marseille

En 1990, Boli s'apprête à changer d'air. Le président de l'OM, Bernard Tapie, s'adresse au président d'Auxerre : « Quand est-ce que tu me vends ton singe aux pieds carrés ? [sic] » Propos confirmés par Boli dans son livre *Mémoires d'hOMme*, paru en 2022, dans lequel il rend néanmoins hommage à Tapie. À ses débuts, descendent des tribunes quelques horreurs du style « Nègre », « Vas-y Blanchette » [re-sic]. Rapidement Boli fait taire les idiots. Il s'impose comme l'un des patrons de l'équipe et comme l'un des chouchous du public.

Le 26 mai 1993, finale de la Ligue des champions face à l'AC Milan, sans doute la meilleure équipe du moment. Le très vieux slip est « rafistolé de partout », *dixit* Boli. « Au moment de sortir des vestiaires pour aller sur le terrain, Didier [Deschamps] et Marcel [Desailly] sont venus me voir et m'ont demandé si je l'avais. J'ai répondu "Oui, je l'ai", et tu voyais dans leurs yeux, même si ce n'était rien, que ça nous faisait du bien de le savoir ! » Le slip de Basile avait rendez-vous avec l'HIstoire.

Slip for ever

44e minute de jeu. Sur un corner, Boli, d'un coup de tête extraordinaire, catapulte le ballon dans les filets. Ce but de Basile n'a pourtant tenu qu'à un fil : dix minutes avant, il a ressenti une douleur à un genou. Le kiné est entré sur le terrain, Boli lui a dit qu'il voulait sortir. Depuis la tribune présidentielle, Bernard Tapie a ordonné à l'entraîneur de maintenir Boli sur le terrain. Il savait qu'une petite douleur pouvait faire douter son joueur. Basile a repris le combat. Et Marseille, grâce à son but de la tête, s'est imposé 1 à 0, devenant le premier club français à remporter la Ligue des champions. Et le seul à ce jour.

Après dix ans de bons et loyaux services, le slip kangourou de Basile a tiré sa révérence : « On a gagné contre Milan. Mais après, Marcel Desailly me l'a taxé. De toute façon, il n'en pouvait plus, ce slip... »

ADRIAN MUTU

LE SLIP À L'ENVERS

En Roumanie, on l'appelle *Briliantul,* « le brillant », ou *Dinamita,* « la dynamite ». À Florence, *Il Fenomeno.* Adrian Mutu a soulevé les foules et beaucoup d'interrogations en affirmant qu'il croyait au pouvoir magique du sous-vêtement.

À l'endroit du footballeur Mutu, on s'accorde à employer les qualificatifs les plus élogieux : surdoué, inspiré, rapide, spectaculaire, virevoltant, insaisissable, décisif. L'ennui, avec ce chasseur de but, c'est l'envers. Une fois qu'il a quitté le champ lumineux des projecteurs, rendu à l'ombre de lui-même, Mutu est instable, fêtard, capricieux, cocaïnomane, lunatique, irresponsable. La star des Carpates incarne le type même du joueur à frasques et... à superstitions.

« LES SORTS NE PEUVENT PAS M'ATTEINDRE CAR JE PORTE MES SOUS-VÊTEMENTS À L'ENVERS. »

En 2009, il évolue à Florence sous la couleur violette de la Fiorentina. Mutu enchante les supporters, il marque des buts, il possède une villa magnifique, gagne beaucoup d'argent et il a pour compagne un top model... Cette vie de ciel bleu s'obscurcit d'un coup : plusieurs voyantes de sa Roumanie natale ont réussi à lui faire passer un message. Une ancienne petite amie lui aurait jeté un sort et sa carrière s'en trouverait menacée. Catastrophe ! Mutu va-t-il réussir à dribbler le destin ? Sa réponse surprend le monde entier : « Les sorts ne peuvent pas m'atteindre car je porte mes sous-vêtements à l'envers. »

Cette superstition renversante serait née au XIe siècle à l'époque de Guillaume le Conquérant. Le futur roi d'Angleterre aurait enfilé sa cotte de mailles à l'envers en partant pour la bataille d'Hastings en 1066. On attribua sa victoire, entre autres, à son étourderie.

Quelques siècles plus tard, pour repousser encore plus loin les mauvais présages, le prince du caleçon retourné qu'est Adrian Mutu décida, les jours de match, de mettre aussi du basilic dans ses chaussettes. Il paraît que ça porte chance !

Slip à l'envers et plantes aromatiques n'ont pourtant pas suffi à protéger Mutu des aléas d'une carrière tumultueuse, son nom quittant bien souvent les colonnes sportives pour celles des faits divers. Mutu est un footballeur du soir et un oiseau de nuit.

La liste est longue : lors d'un rassemblement de l'équipe nationale, l'entraîneur de la Roumanie le trouve au bar de l'hôtel à 5 heures du matin en train de picoler avec un partenaire ; il est surpris en discothèque, la veille d'un match ; il est emmené au poste après une bagarre ; positif à la cocaïne, il est suspendu sept mois, licencié par Chelsea, condamné à verser 17 millions d'euros de dédommagement pour avoir porté atteinte à l'image du club ; de nouveau positif en 2010 après la prise d'un stimulant prescrit pour lutter contre l'obésité ; en 2011, il est exclu à vie de la sélection roumaine après une soirée bien arrosée (et on ne parle pas de la pluie qui tombe).

Boire et déboires, Mutu en a fait un mode de vie. En 2008, lors du championnat d'Europe des Nations, il rate un penalty contre l'Italie. Un 13 juin. Mutu n'aime pas le chiffre 13 : « La dernière fois que ça m'est arrivé, c'était six ans plus tôt contre la France... Et c'était un 13 février. » En 2016, il met fin à une carrière commencée vingt ans plus tôt. Nous avons compté, un à un, tous les clubs dans lesquels a évolué l'homme qui aurait dû jouer toute sa vie avec son slip à l'envers : 13 !

↑ La superstition, c'est dans la tête, semble dire Adrian Mutu, mais pour lui elle se niche dans les sous-vêtements et dans les chaussettes.

SLIP STORIES

SLIP BRÉSILIEN
FELIPE MASSA

Pilote de Formule 1 pour l'écurie Ferrari entre 2006 et 2013, vainqueur de 5 Grands Prix, Felipe Massa met ses dessous à l'honneur et ses penchants superstitieux en pleine lumière lors d'un entretien accordé au quotidien de sport *Marca* en 2009 : « Si mon week-end commence bien dès le vendredi, j'utilise les mêmes sous-vêtements le samedi… Et ce rituel se perpétue jusqu'au dimanche si la chance continue de sourire le jour des qualifications. C'est important que, dans votre tête, tout soit OK, et c'est pour ça que les sportifs sont superstitieux ! »

CULOTTE ANGLAISE
JADE JONES

Elle voulait être une légende et elle l'est devenue à l'âge de 23 ans. Double championne olympique de taekwondo aux Jeux de Londres et de Rio, originaire du pays de Galles, Jade Jones est une jeune femme en or. Elle puise son énergie dans sa consommation de pâtes, de gelée anglaise, de lait qu'elle boit quotidiennement, et surtout dans ses culottes porte-bonheur aux couleurs de l'Union Jack : « Je les porte toujours à l'entraînement, même si évidemment je les ai lavées ! J'en ai encore quelques-unes. J'ai toujours été très superstitieuse. »

CALEÇON FRANÇAIS

CHRISTIAN CALIFANO

Aux dires de l'un de ses partenaires de vestiaire, dans *La Dépêche du Midi* en 2012, Christian Califano, célèbre pilier gauche du Stade Toulousain, figure emblématique du XV de France avec 72 sélections, portait toujours le même caleçon lors des rencontres importantes. Six fois champion de France, vainqueur de la Coupe d'Europe en 1996, vainqueur du tournoi des 5 Nations en 1997 et 1998, finaliste de la Coupe du monde en 1999 : vu son palmarès exceptionnel, le caleçon de « Cali » a beaucoup servi.

SLIP COLOMBIEN

RENÉ HIGUITA

Pourquoi René Higuita, le gardien de but le plus célèbre de la Colombie, aussi chevelu que spectaculaire, portait-il toujours le même slip bleu ? Une histoire de superstition ! « À la fin des années 1980, en Colombie, mon équipe de l'Atlético Nacional s'inclinait toujours face à Millonarios. Avec Carlos Perea, un copain de l'équipe, nous sommes allés voir une diseuse de bonne aventure, qui nous a révélé que nous étions victimes d'un mauvais sort. Elle nous a ensuite envoyé un colis avec des slips bleus, et ça a marché : nous avons tout renversé sur notre passage avant de gagner la Copa Libertadores », a-t-il expliqué (sur le site Fifa.com).

SANS SLIP AMÉRICAIN

ANDRE AGASSI

Le 6 juin 1999, Andre Agassi remporte Roland-Garros face à Andrei Medvedev, après un incroyable combat en cinq sets. Après deux échecs en finale au début des années 1990, l'Américain jubile. Depuis le premier jour du tournoi, il a un secret : « Alors que j'étais dans les vestiaires en train de me préparer, j'ai réalisé que j'avais oublié mes sous-vêtements. J'ai si bien joué le premier match que j'ai décidé de ne pas porter de sous-vêtements pour le reste du tournoi et j'ai gagné, donc j'ai décidé de ne pas porter de sous-vêtements pour le reste de ma carrière. » De là à en déduire qu'Agassi n'avait pas froid aux yeux...

CALEÇON IVOIRIEN

DIDIER DROGBA

En 2012, Didier Drogba, brillant attaquant de Chelsea, dispute la finale de la Coupe d'Angleterre. La veille de la rencontre, il prend une décision de la plus haute importance : jamais plus il ne jouera avec son caleçon porte-bonheur. Il est troué de partout ! Il l'a raconté dans le mensuel *So Foot* : « J'ai arrêté avec cette histoire de slip fétiche. Au bout d'un moment, le slip, il ne tient plus, tu te dis "mince". Et puis, même avec ce slip fétiche, tu te rends compte que t'as perdu. Il n'est pas si fétiche que ça, en fait. Je le lavais à la main, tout ça. Et à force de le laver, il a craqué. Il a lâché. » Ce jour de finale, sans caleçon fétiche, Drogba marque le deuxième but de son équipe et Chelsea s'impose deux buts à un. Comme quoi !

↑ Caeleb Dressel, médaillé d'or
sur 50 mètres papillon aux championnats
du monde de natation en 2019.
Jamais sans son bandana fétiche…

CAELEB DRESSEL

DANS LES MAILLES DU SOUVENIR

Un petit morceau de tissu tient une place immense dans la vie du nageur américain Caeleb Dressel, l'un des meilleurs de sa génération. Un fétiche en mémoire d'une personne qui ne quittera jamais son cœur.

On le surnomme « l'alligator de Floride » parce qu'il nage très vite. On l'encense, on envie son palmarès qui s'inscrit en lettres d'or dans l'histoire de la natation. On l'aime parce que, en plus d'une cage thoracique de compétition et d'une paire d'épaules tout en muscles, Caeleb Dressel est un nageur sentimental.

Avant le départ de n'importe quelle course, il apparaît affublé d'un bandana bleu à motifs. Nombre de films et de photos en attestent, il le touche, il le serre, le tient entre ses dents, le pose sur son bonnet. « Il n'y a aucun bien matériel qui compte plus pour moi que ce bandana », a-t-il déclaré à un journal américain. Cette pièce de tissu appartenait à Claire McCool, qui fut sa professeure de mathématiques lorsqu'il était élève à la Clay High School de Green Cove Springs en Floride.

Jeune terreur des bassins

À l'époque s'affinaient les ambitions d'un futur champion. Il attirait les regards, suscitait les attentes mais, déjà, les premières fêlures se révélaient, les premières crises de panique : « J'avais besoin d'une pause mentale... J'étais un gamin de 17 ans, on parlait beaucoup autour de moi. Je n'étais pas habitué à ça. J'étais comme n'importe quel lycéen, j'essayais de comprendre ma vie... » Dressel confia ses tourments à Claire McCool. Elle sut écouter l'adolescent fragile qui finit par remettre ses sens à l'endroit et son corps à l'ouvrage.

Plus tard, c'est Caeleb Dressel qui soutiendra sa prof de maths, atteinte d'un cancer du sein. En 2016, lors d'une compétition, Dressel arriva sur le plot de départ avec une inscription sur la joue : « McCool ». « Je n'avais jamais ressenti ce niveau de soutien, et juste de savoir que vous comptez autant pour un autre être humain, en particulier quelqu'un qui ne fait pas partie de votre famille, c'est très fort comme sentiment », dira la prof de maths.

Claire McCool suivit de près la carrière de son ancien élève qui se hissa rapidement au sommet des podiums : deux titres olympiques à Rio, sept médailles d'or aux championnats du monde à Budapest, dont trois glanées en une seule soirée. Ce qui n'était jamais arrivé. Pour Claire, les exploits de Caeleb s'arrêtèrent peu après. Elle mourut en novembre 2017, à l'âge de 62 ans.

Et ami fidèle

Son mari Mike remit à Caeleb le bandana bleu à motifs que Claire portait pendant sa chimiothérapie. « Le bandana est très important, dit-il. C'est une part d'elle que j'aurai toujours. »

Avant les Jeux de Tokyo en 2021, Dressel, de nouveau, connut une crise d'angoisse. Grandissime favori, étoile scrutée de toutes parts, annoncé comme le successeur du légendaire Michael Phelps, il passa des nuits sans sommeil, il perdit des cheveux et commença à perdre ses moyens. Passage difficile qui finit par se dissiper dans l'eau chlorée du bassin.

Au Japon, Dressel fut étincelant. Cinq médailles d'or ! Avant chaque finale, il arrivait en tenant le bandana bleu et, lors des cérémonies protocolaires, il l'enroulait autour de sa main ou l'accrochait au ruban de sa médaille.

> « IL N'Y A AUCUN BIEN MATÉRIEL QUI COMPTE PLUS POUR MOI QUE CE BANDANA. »

Dressel se distingue assez nettement des autres athlètes. Il est modeste : « Je suis juste un jeune mec qui vient d'une petite ville, c'est dingue de voir jusqu'où le sport peut vous porter. » Il est discret : « Je ne veux pas être célèbre. Je veux juste voir jusqu'où je peux aller avec ce qu'on m'a donné et essayer d'atteindre mon potentiel maximum », expliquait-il en avril 2020 au magazine de la Fédération internationale de natation. Il est magnifiquement humain. Avec son bandana bleu, il nage pour ne pas oublier. « Claire est avec moi à chaque course et le sera jusqu'à la fin de ma carrière. »

CARLOS BILARDO
SEÑOR SUPERSTICIÓN

Sélectionneur de l'Argentine pendant sept ans, Carlos Bilardo a mené ses joueurs jusqu'au titre mondial en 1986 avant d'atteindre la finale en 1990. Il se défend d'être superstitieux. Il a tort !

Coupe du monde 1986, Bilardo entraîne l'Argentine de Diego Maradona. Bilan : un match nul, six victoires, et sept fois la même cravate. Cette cravate rouge a commencé par gagner contre la Corée du Sud ! Carlos en a fait un porte-bonheur jusqu'à la victoire en finale contre l'Allemagne, 3 à 2. Carlos pouvait sourire à pleines dents, bien blanches, et pour cause ! Lors du premier match, il a ordonné à l'un de ses joueurs de lui prêter son tube de dentifrice et s'est brossé les dents juste avant le coup d'envoi. Rituel qu'il perpétue de match en match. L'Argentine aurait-elle triomphé sans la cravate ni le dentifrice ?

Bilardo a le poulet dans le nez

Surnommé *El Narigon* (« le gros nez »), Bilardo a donné une idée, lors de cette compétition, de son potentiel superstitieux. Il impose aux joueurs et aux membres de l'encadrement de toujours occuper la même place dans le bus. Le chauffeur doit rester le même. Les policiers de l'escorte motocycliste également ! À chaque entrée dans le stade, le chauffeur doit faire en sorte que les joueurs écoutent la même chanson (*Gigante Chiquito*, de Sergio Denis). Bilardo sort du vestiaire en dernier mais, une fois arrivé sur le terrain, il se met à courir pour être le premier à atteindre le banc.

Il s'agit là d'une goutte d'eau superstitieuse dans un océan de croyances irrationnelles. « Gros nez » est à cheval sur les principes et inflexible sur les habitudes. Lors d'un rassemblement, il interdit le poulet au menu des joueurs, persuadé que le gallinacé est un oiseau de mauvais augure. Bilardo a démenti : « La superstition ? Moi, je ne crois pas à ce genre de choses. » Admettons !

En 1990, Coupe du monde en Italie. La veille d'un match, à l'hôtel où logent les Argentins, se déroule une fête de mariage. Bilardo demande à ses 22 joueurs d'embrasser la mariée parce que ça porte bonheur. Vive la mariée ! Les joueurs s'exécutent. Le lendemain, l'Argentine bat le Brésil 1 à 0. Avant d'être un sélectionneur de renommée mondiale, Bilardo fut un joueur de bon niveau puis il commença sa carrière d'entraîneur en Argentine.

1982. Il coache le club d'Estudiantes situé à La Plata. L'un des supporters les plus fidèles s'appelle Rebagliatti mais tout le monde l'appelle Quiricocho. Il a 23 ans et se taille rapidement une réputation de poissard. Chaque fois qu'il assiste à un entraînement, un joueur se blesse… Si un joueur tire un penalty, quelqu'un dans l'assistance crie « Quiricocho ! » et le ballon passe à côté. Bilardo convoque ce supporter de malheur. Au lieu de l'interdire de stade, il lui assigne deux tâches très précises. À chaque match, lors de l'arrivée de l'équipe adverse, après avoir revêtu ses couleurs pour se faire passer pour un des leurs, il doit donner une tape d'encouragement à chaque joueur. Puis, il doit se rendre dans la tribune des visiteurs pour répandre sa malchance. Rien de tout cela ne semble très sérieux, mais ça fonctionne à merveille. Estudiantes remporte cette année-là le championnat Metropolitan et atteint les demi-finales du championnat Nacional. « Quiricocho ! » est devenu le cri qui tue, une parole maléfique qui se répand en Amérique du Sud puis en Espagne, par l'intermédiaire du transfert de joueurs argentins. Peu à peu, le vrai Quiricocho disparaît de la circulation alors qu'au plus haut niveau footballistique des joueurs prononcent son nom pour déstabiliser l'adversaire.

Finale de la Coupe du monde 2010. Iker Casillas, le gardien espagnol, voit arriver, seul devant lui, Arjen Robben, l'attaquant néerlandais. Joan Capdevila, défenseur de l'Espagne, pense que son équipe est perdue et que les Pays-Bas vont inscrire le premier but de la rencontre. « En désespoir de cause, expliqua-t-il, j'ai eu l'idée de crier "Quiricocho !" » Casillas réalise un arrêt extraordinaire ! L'Espagne s'impose 1 à 0.

Quiricocho, si l'on peut dire, a été champion olympique. En 2012, aux Jeux de Londres, les Mexicains ont invoqué son nom lors de la finale contre le Brésil. En 2021, en finale du championnat d'Europe, lors de la séance de tirs au but, l'Italien Chiellini crie « Quiricocho ! » et l'Anglais Bukayo Saka rate la cible…

Aujourd'hui, Quiricocho est partout. Dans la bouche des joueurs, sur le terrain, dans celles des entraîneurs, sur le banc de touche, ou celles des supporters, en tribunes. En 2019, alors qu'il était âgé de 70 ans, son corps a été retrouvé chez lui sans vie. Ses amis le disaient dépressif. Il y a longtemps qu'il était passé à la postérité, grâce à Carlos Bilardo, formidable entraîneur à la folie superstitieuse.

↑ Coupe du monde de football 1990. Carlos Bilardo, légende de la superstition, entraîne Diego Maradona, une autre légende de la superstition.

« LA SUPERSTITION ? MOI, JE NE CROIS PAS À CE GENRE DE CHOSES. »

↑ Le plus grand joueur de tous les temps
sous les couleurs de Santos.
Son célèbre maillot blanc avec le numéro 10
dans le dos disparut un jour avant
de réapparaître dans d'obscures circonstances.

PELÉ

LE MYSTÈRE DU MAILLOT FÉTICHE

Le Brésilien Edson Arantes do Nascimento, dit Pelé, est décédé en décembre 2022. Le plus grand joueur de l'histoire n'était pas forcément le plus superstitieux. Encore que !

Au cœur des années 1960, Pelé a déjà accroché deux Coupes du monde à son palmarès, dont la première en 1958, à l'âge de 17 ans (ce qui en fait, au passage, le plus jeune vainqueur de l'épreuve). Pelé est un sacré numéro et un numéro sacré, le 10, octroyé par le plus grand des hasards. Lors du Mondial 1958, le Brésil oublie d'attribuer les numéros à ses joueurs. Un délégué de la Fédération internationale se charge de la besogne et Pelé récupère le 10. Après un troisième sacre planétaire en 1970, on l'appellera « le roi Pelé ». Parfaite combinaison de la technique, de la puissance et de la rapidité, il règne en monarque absolu sur tous les terrains du Brésil et d'ailleurs. Il marque but sur but, et plus il marque, plus il a envie de marquer.

Le 21 novembre 1964, avec le maillot blanc et noir de son club brésilien de Santos, il assomme les statistiques en inscrivant huit buts lors d'une victoire monumentale 11 à 0 contre Botafogo. Pour le meilleur joueur de la planète, tout va bien dans le meilleur des mondes. Jusqu'au moment d'une inexplicable méforme.

La machine se grippe

Pelé ne marque plus. Il dribble mal. Il déçoit. Il plonge entraîneur, partenaires, supporters et même adversaires dans un abîme de perplexité. Pépin physique ? Usure mentale ? Ennuis personnels ? Pelé est inquiet. Un souvenir lui revient. Dans un élan de générosité, il a donné son maillot fétiche frappé du 10 à un fan de Santos. Or, cela coïncide avec sa baisse de régime.

IL AVOUE QUE LA TUNIQUE RENDUE À PELÉ N'ÉTAIT PAS SON MAILLOT FÉTICHE MAIS CELUI D'UN MATCH PRÉCÉDENT.

Pour récupérer la précieuse tunique, Pelé engage un détective privé qui se lance à la recherche du maillot disparu, d'une valeur inestimable, le maillot du meilleur joueur du monde, sans lequel ce dernier n'est plus qu'un joueur comme les autres. Après une semaine d'enquête, le détective retrouve le maillot et le restitue à Pelé. Dès le match suivant, Pelé renoue avec son talent, son efficacité, son style inimitable.

Une révélation fracassante

Quelques années plus tard, le détective avoue que la tunique rendue à Pelé n'était pas son maillot fétiche mais celui d'un match précédent. Pelé ne s'était aperçu de rien. Qu'importe, avec un maillot qui n'avait aucun pouvoir magique, il avait retrouvé sa confiance et sa splendeur ! Il régnait de nouveau.

FC BARCELONE

SE (RE)FAIRE LE MAILLOT

Le 20 mai 1992, le FC Barcelone dispute la finale de la Coupe d'Europe des clubs champions contre la Sampdoria de Gênes. Les Catalans provoquent la stupeur des 70 000 spectateurs. Il y a de la superstition dans l'air.

Soudain Johan Cruyff, l'entraîneur de Barcelone, s'est écrié : « Ça suffit ! » Il veut rompre avec les malédictions de l'histoire et les désillusions de l'échec. L'équipe catalane joue sa troisième finale de Coupe d'Europe et n'a connu que la défaite, en 1961 et en 1986. Cruyff est un remarquable technicien, aussi fin que le joueur qu'il était. Il encourage un football spectaculaire tourné vers l'offensive et pratiqué par des joueurs de talent. Il y a aussi le peuple supporter des Catalans, attaché à ses couleurs *blaugrana*, bleu et grenat, qui habillent le maillot depuis la création du club en 1899.

Pour entrer dans l'histoire, Cruyff décide d'un changement radical, et ça pique les yeux : à la place des couleurs traditionnelles, ses joueurs portent une tenue orange, terriblement flashy, tout juste réhaussée d'une touche de blaugrana sur les manches et en haut des chaussettes. Les puristes de la mode trouveraient ça d'un goût douteux mais il s'agit de conjurer le mauvais sort !

Orange ? Mais pourquoi ?

La réponse, c'est que Johan Cruyff est à la fois superstitieux notoire et citoyen néerlandais. L'équipe des Pays-Bas, dont il fut le joueur vedette, évolue en orange, couleur qu'on associe à la chaleur, à l'énergie, à la flamboyance, voire à l'enthousiasme. Teinte encourageante, elle symboliserait la récolte et la victoire. Bref, la couleur idéale pour toute ambition sportive. Pourtant le orange n'avait pas porté chance aux Néerlandais, battus deux fois de suite en finale de la Coupe du monde (1974 et 1978) mais, en tenue orangée, cependant, ils avaient remporté le championnat d'Europe (1988).

Cruyff a justifié le choix de cette couleur par des raisons historiques et politiques : « Quand je suis arrivé à Barcelone en 1988 comme entraîneur, la mentalité catalane était encore très marquée par les années de franquisme. Il fallait être discret et travailleur, ne pas se démarquer. La couleur à la mode à Barcelone était le bleu marine pour qu'on ne vous distingue pas des autres. Moi, j'ai voulu faire exactement l'inverse : un maillot orange ! Pour sortir de l'obscurité, se distinguer et assumer. Nous avons changé les mentalités... Et pas seulement celle du Barça, mais celle de toute la Catalogne ! »

En ce jour de finale de la Coupe d'Europe 1992 face à la Sampdoria de Gênes, avec ce maillot orange qui leur colle à la peau, les joueurs de Barcelone s'imposent grâce au but inscrit pendant la prolongation par Ronald Koeman, défenseur d'origine néerlandaise. En cette soirée de victoire, les Catalans sont passés par toutes les couleurs. Après le déferlement de joie sur le terrain, les joueurs ont revêtu leur maillot *blaugrana* pour aller chercher l'imposant trophée en tribune officielle.

Le maillot orange ne fera plus d'apparition en finale. En 1994, le FC Barcelone est balayé 4 à 0 par le Milan AC. En 2006, Barcelone s'impose, mais avec un joueur aussi fort que Messi dans ses rangs, nul besoin d'en rajouter dans la superstition. En 2009, Barcelone joue encore une finale, Messi est toujours là, et, pour l'occasion, le club va calquer ses habitudes sur la finale victorieuse de 2006. Et formuler les demandes suivantes : il voudrait la même compagnie aérienne, le même avion et le même numéro de vol. Souhaits exaucés ! Les deux mêmes joueurs, Carlos Puyol et le gardien Victor Valdès, participent aussi à la conférence de presse d'avant match. Et devinez quoi ? Barcelone l'emporte ! En 2015, toujours avec Messi, le FC Barcelone rafle son cinquième sacre européen. Cette fois, aucun comportement superstitieux n'a été révélé publiquement. Ce qui ne veut pas dire qu'il n'y en pas eu !

↑ Beaucoup plus élégant et beaucoup plus superstitieux, l'entraîneur Johan Cruyff, en veste sombre et cravate, au milieu de ses joueurs aux couleurs bariolées.

SEBASTIAN VETTEL

CONDUITE SUPERSTITIEUSE

L'Allemand Sebastian Vettel est un as du volant au palmarès de premier ordre : 53 victoires en Grand Prix, 4 titres consécutifs de champion du monde de Formule 1… et un 5e de champion du monde des pilotes, catégorie « superstition ».

Les prouesses de Vettel combinées aux performances de sa voiture vont l'installer durablement au sommet de la hiérarchie automobile, entre 2010 et 2014. Vettel maîtrise son sujet, à savoir la conduite à haut risque, les technologies de pointe et la concentration. À des vitesses vertigineuses, le moindre détail compte. Et Vettel est un pilote prévoyant : pour chaque course, il embarque un petit cochon en métal porte-bonheur dans l'une des poches de sa combinaison. Dans l'autre, il place la pièce d'un cent trouvée dans les rues d'Indianapolis avant ses débuts en 2007. Et ce n'est pas tout ! Derrière les lacets de ses chaussures, il glisse deux médailles en argent. L'une d'elles représente saint Christophe, patron des voyageurs, considéré comme un protecteur contre les accidents et les dangers de la route. Un cadeau de sa grand-mère.
Depuis ses débuts en Formule 1 en 2008, Vettel a des pratiques assez curieuses, dont certaines frisent l'obsession. Si je vous dis Julie, Kate, Liz, Kylie, Heidi, Suzie, Eva, Gina et quelques autres, vous imaginerez peut-être qu'il s'agit de la liste de ses conquêtes féminines. Erreur ! Il s'agit des prénoms qu'il attribue à chacune de ses voitures en début de saison. Par ailleurs, il monte toujours dans sa monoplace par la gauche. « Je ne pense pas qu'il m'arriverait quelque chose si je montais par la droite mais… je préfère ne pas essayer ! » Pourtant, comme beaucoup de superstitieux, Vettel s'en défend : « Je le suis beaucoup moins qu'avant, reconnaît-il. Une fois, à cause d'un chat noir qui a traversé la route devant moi, j'ai fait un détour et j'ai failli rater mon avion. Ensuite, c'est devenu incontrôlable, alors j'ai arrêté. »
Après avoir remporté quatre fois le championnat du monde des pilotes pour l'écurie Red Bull, Vettel est passé chez Ferrari, mais sans réussir à décrocher un nouveau titre mondial. Pourtant, la Scuderia a pris soin de faire coudre sur la manche gauche de sa combinaison un trèfle à quatre feuilles sur fond blanc.

L'origine de cette superstition remonte à 1923. Enzo Ferrari avait un copain pilote, Ugo Sivocci, un grand superstitieux, qui officiait chez Alfa Romeo. À ses débuts, on lui a attribué le numéro 13. Malheur ! Pour conjurer le mauvais sort, il fait peindre un trèfle à quatre feuilles sur le capot. En 1923, sur le circuit de Monza, il doit tester une nouvelle voiture qui porte le numéro 17. Il demande immédiatement que l'on peigne son trèfle fétiche, mais les responsables de l'écurie oublient. Coïncidence ? Il fait une sortie de route et se tue.
En 2022, alors qu'il évolue dans l'écurie Aston Martin, on a cru que Vettel était retombé dans ses travers superstitieux le jour où on l'a vu déambuler dans le paddock avec un caleçon par-dessus sa combinaison.

« JE NE PENSE PAS QU'IL M'ARRIVERAIT QUELQUE CHOSE SI JE MONTAIS PAR LA DROITE MAIS… JE PRÉFÈRE NE PAS ESSAYER ! »

Mais non ! Il s'agissait d'un pied de nez adressé aux dirigeants de la Fédération internationale automobile, dont le règlement prévoyait d'obliger les pilotes à porter des sous-vêtements ignifugés. Et de leur interdire de porter des bijoux ou des objets en métal pour des raisons de sécurité. Adieu, veau, vache, cochon en métal et pièces en argent… À l'issue de cette saison, Sebastian Vettel a mis fin à sa carrière de pilote de Formule 1.

JULIO CÉSAR CHAVEZ

L'ÉTOFFE DU HÉROS

Plusieurs fois champion du monde, Julio César Chavez a disputé, en vingt-cinq ans de carrière, 115 combats pour seulement 6 défaites. Doit-il son impressionnant palmarès à l'emblématique ruban rouge qui ornait son crâne avant les combats ?

« JULIO, METS CE RUBAN ROUGE PARCE QUE ÇA FAIT FUIR LES MAUVAIS ESPRITS. »

La légende du ruban est née le 21 novembre 1987 à Las Vegas. Chavez, fort de sa légende bâtie à coups de poing dévastateurs et de KO fulgurants, tente de ravir le titre mondial des poids légers à son détenteur, le Portoricain Edwin Rosario. Les hostilités verbales ont débuté avant le combat, des insultes échangées entre les deux camps et des menaces de mort à destination de la famille de Chavez. Chaude ambiance !

Julio César est sorti du vestiaire, avec son peignoir aux couleurs du Mexique et un sombrero sur la tête. Il fend la foule, monte sur le ring, donne quelques coups dans le vide et se fait enlever son imposant chapeau parce que, avec les gants de boxe, l'exercice est trop compliqué. Et là, on remarque que le sombrero cachait un bandeau rouge. Ses hommes de coin en sont pareillement affublés. Que se passe-t-il ? Un gag ? Une nouvelle mode ? Non ! Il est question, ici, de sorcellerie !

Quelques jours auparavant, Chavez a été informé par un membre de son entourage que la mère de son adversaire (oui, sa maman !) avait placé la photo du boxeur mexicain dans un seau à glace. Avec l'aide d'un sorcier, elle lui a jeté un mauvais sort, censé l'affaiblir par le froid et le paralyser le jour du combat. Le camp de Chavez doit réagir. L'un de ses proches lui donne un conseil : « Il m'a dit : "Julio, mets ce ruban rouge parce que ça fait fuir les mauvais esprits." » Chavez ne veut pas en entendre parler. Il ne veut pas donner l'impression de disputer un combat de karaté.

L'Empereur

Le Mexicain en a vu d'autres. Né en 1962, issu d'un milieu très modeste, il grandit dans un wagon de train abandonné, et découvre la boxe à l'âge de 16 ans. Sa mère le surnomme « l'Empereur ». Pour sa première victoire, il repart avec une bière et un sandwich. Il entame des études d'ingénieur agronome mais choisit finalement la boxe professionnelle. En 1984, il devient champion du monde des poids super-plumes. Chavez est l'idole d'un pays. Il lui arrive de remplir le stade Aztec de Mexico, 115 000 spectateurs, pour un simple entraînement.

Cette histoire de malédiction ne l'empêche pas de dormir, mais il se laisse convaincre. Dans un pays imprégné de croyances en tous genres, il sait qu'un vêtement ou un objet rouge sert de bouclier.

À Las Vegas, l'arbitre appelle les deux boxeurs au centre du ring. Chavez retire son bandeau rouge. Avant le premier coup de gong, Rosario s'agenouille brièvement et se signe.

Rosario est un puncheur redoutable. Mais Chavez le domine et le martèle de coups. Rosario a le visage bosselé, le nez en sang, un œil fermé. C'est un homme en ruine ! Après 11 rounds, l'arbitre arrête le combat. Chavez est le nouveau roi du monde.

« Je ne sais pas si j'ai gagné grâce au ruban rouge ou parce que j'étais meilleur que Rosario », dira-t-il. À partir de ce jour auréolé d'une victoire, le ruban rouge ne quittera plus la panoplie de Julio César Chavez, qui mettra fin à sa carrière en 2007 à l'âge de 45 ans.

CHAVEZ
76278

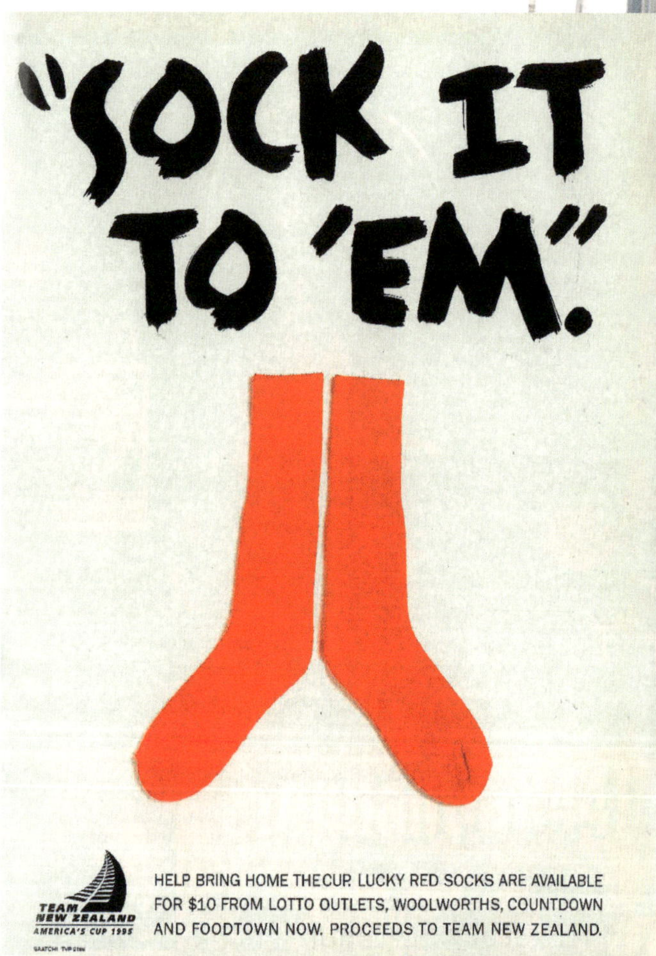

LES CHAUSSETTES ROUGES DEVIENNENT UN SYMBOLE DE RÉUSSITE, ET EN NOUVELLE-ZÉLANDE ELLES SE VENDENT COMME DES PETITS PAINS.

PETER BLAKE

CHAUSSETTES ROUGES ET MAGIE NOIRE

Prenez le plus vieux trophée sportif de l'histoire, la Coupe de l'America. Ajoutez un bateau surnommé *Black Magic*, un marin néo-zélandais de légende et une paire de chaussettes porte-bonheur et vous obtiendrez une histoire pas banale.

En 1995 à San Diego, Californie, l'issue de la 29e Coupe de l'America ne fait aucun doute. Bien sûr, dans les journaux, on disserte en long, en large et en colonnes sur un affrontement majuscule qui oppose les Américains de Dennis Conner à la Nouvelle-Zélande emmenée par son team manager charismatique, Peter Blake. On débat, on discutaille, mais l'argument de la glorieuse incertitude du sport ne tient pas une seconde. Les Néo-Zélandais ne peuvent pas perdre. En ce début du mois de mai, Peter Blake porte ses chaussettes rouges. Or, depuis le début des phases éliminatoires, ses chaussettes restent invaincues.

Cette histoire commence à se tricoter en décembre 1994, au moment de Noël. La femme de Peter s'appelle Pippa et, comme elle le fait dans les grandes occasions, elle offre des chaussettes à son mari. Elle les voulait de couleur rose mais elle n'a pas trouvé ce qu'elle cherchait. Va pour le rouge ! En grande taille ! Peter Blake n'est pas un homme aux dimensions ordinaires, c'est une montagne. Il mesure deux mètres, avec une blonde chevelure indomptée, une abondante moustache, des yeux bleus. Dans le cercle des navigateurs, Peter est une pointure. En équipage, cet excellent meneur d'hommes a gagné tout ce qu'il pouvait gagner : la mythique course Sydney-Hobart, la Whitbread, tour du monde avec escales, et il a battu le record du Trophée Jules-Verne à bord d'un multicoque en bouclant le tour de la planète en 74 jours.

En janvier 1995, au matin du premier jour de compétition, en phase éliminatoire, Peter Blake enfile ses chaussettes rouges. Première victoire. Il garde ses chaussettes porte-bonheur et vogue de succès en succès. Les chaussettes rouges vont connaître la consécration : 43 régates disputées et une seule défaite. Qui s'explique très bien. Ce jour-là, souffrant d'une blessure à un coude, Peter n'était pas à bord du long bateau noir pour assurer le réglage de la grand-voile. En Nouvelle-Zélande, pour soutenir Peter Blake et ses hommes, les fans achètent des chaussettes rouges : le Premier ministre, le gouverneur général, les prêtres, les avocats, le boucher, l'épicier, l'étudiant, les mères de famille. Les chaussettes rouges sont devenues une cause nationale. L'argent récolté va dans les caisses du défi néo-zélandais dont les finances ne sont pas au mieux.

Du 6 au 13 mai 1995, le *Black Magic* néo-zélandais, barré par le très talentueux Russel Coutts, avec à son bord Peter Blake et sa paire de chaussettes, domine outrageusement les Américains et s'impose 5 victoires à 0.

Le retour au pays est triomphal ! À Auckland, une foule impressionnante accueille Blake et ses héros. Avec des centaines de ballons rouges, les organisateurs ont reconstitué une paire de chaussettes géantes.

Le plus étonnant, c'est que Peter Blake, qui se fiche éperdument de la mode, en a créé une. Les chaussettes rouges deviennent un symbole de réussite, et en Nouvelle-Zélande elles se vendent comme des petits pains. Il s'en est écoulé près de 100 000 paires après la victoire. Elles entrent dans la légende, de même que Sir Peter Blake, adoubé chevalier de l'Empire britannique en 1995.

Il a alors 48 ans et range ses chaussettes rouges. Il arrête la compétition, pour se lancer dans une campagne en faveur de la planète. En 2001, alors qu'il surveille les changements environnementaux sur le fleuve Amazone, son bateau est attaqué par des pirates brésiliens qui cherchent à lui voler de l'argent et sa montre. Il meurt de deux balles dans le corps. La Nouvelle-Zélande, sous le choc, ressort les chaussettes rouges des tiroirs : elles témoignent de l'affection que le pays porte à son grand homme.

Depuis lors, de nombreuses campagnes caritatives ont été menées, culminant avec la Journée des chaussettes rouges célébrée chaque 7 juillet, créée en son honneur, en souvenir d'un homme épatant, un grand blond aux chaussettes de légende.

LIONEL MESSI

LA MÈRE DU JOURNALISTE ET LE RUBAN ROUGE

Le 18 décembre 2022, l'Argentine bat la France en finale de la Coupe du monde au terme d'un match exceptionnel d'intensité et de suspense. Grâce au ruban rouge caché sous la chaussette gauche du meilleur joueur de la compétition ?

Après les larmes de joie et les célébrations euphoriques, les champions du monde regagnent le vestiaire. Sur un banc, Lionel Messi et deux joueurs posent pour un photographe avec le trophée mondial. Ils sont encore en short, pieds nus et en claquettes. Clic-clac ! Si l'on prête attention au cliché, on remarque, sous l'imposant tatouage du mollet gauche de Messi, un fin ruban rouge encerclant sa cheville. Ce détail n'a pas échappé au regard ému des supporters de l'Argentine, ce pays où le football est roi, où la superstition est reine.

« LA *CÁBALA*, QUAND ELLE MARCHE, IL NE FAUT JAMAIS LA ROMPRE. C'EST UN TRUC DE FOOTBALL. »

L'histoire du fin ruban rouge va entrer dans l'histoire du ballon rond. Pour comprendre, il faut remonter au 30 novembre 2022, à l'issue d'un match de poule gagné par les Argentins contre la Pologne. Dans la zone d'interviews, les caméras captent alors un échange surprenant. Rama Pantorotto, journaliste argentin, s'adresse à Lionel Messi : « Lors de la Coupe du monde 2018, je t'ai donné un ruban que ma mère m'avait confié pour te porter chance. Je ne sais pas si tu t'en souviens. » Réponse de Messi : « Je l'ai mis sur ma jambe gauche. » Relance du journaliste : « Tu te moques de moi ? » Messi soulève sa chaussette : « Non, regarde là ! »

En 2018, premier match du Mondial et première déconvenue pour l'Argentine qui concède un match nul devant l'Islande, un adversaire de modeste réputation. Pire que tout, Messi a raté un penalty. Le match suivant, l'Argentine est en déroute. Défaite 3 à 0 contre la Croatie. Le baromètre du pays annonce une dépression. Alors entre en scène une supportrice acharnée qui n'est autre que la mère du journaliste Rama Pantorotto. À son fils qui couvre la Coupe du monde en Russie, elle envoie un objet fétiche. Pantorotto croise Messi : « J'ai un petit ruban rouge qui doit te porter chance. Ma mère me l'a envoyé, elle qui t'aime plus que moi en ce moment. Tu dois le garder, si tu veux. » Messi accepte l'offrande et l'Argentine se qualifie in extremis après une victoire sur le Nigeria. Messi marque un but mais, en huitièmes de finale, la déprime gagne de nouveau quand les Argentins s'inclinent 4 à 3 contre la France. Ils sont éliminés de la compétition. Messi va-t-il arracher le ruban, rouge de colère et de déception ?

Quelques jours plus tard, il prend des vacances en famille à Ibiza. Des photos le montrent en caleçon de bain sur un yacht s'apprêtant à plonger dans les eaux bleues de la Méditerranée. À sa cheville gauche, le ruban rouge est toujours bien accroché.

On l'aura compris, le football argentin ne plaisante pas avec les superstitions, croyances ou signes du destin. Chez les joueurs et les supporters, nombre de comportements reposent sur une mystique appelée la *cábala*.

Lors de la Coupe du monde 2022, l'Argentine débute la compétition par une défaite choc contre l'Arabie saoudite. « Pour ce match, raconte un fan, je portais le maillot de l'Albiceleste avec le n° 10 [le numéro de Messi et avant lui de Maradona], et on a perdu. Du coup contre le Mexique, le match suivant, je l'ai mis à l'envers et on a gagné. À partir de là, je l'ai constamment mis à l'envers et on n'a plus arrêté de gagner. » Un autre supporter a regardé les matchs avec une gousse d'ail posée à côté de la télévision pour éloigner les mauvais esprits. « La *cábala*, quand elle marche, il ne faut jamais la rompre. C'est un truc de football », affirme-t-il. L'Argentine, un pays sous perfusion superstitieuse ?

↑ Qui peut savoir que Lionel Messi, vainqueur de la Coupe du Monde, cache sous sa chaussette gauche un porte-bonheur ?

LE MORAL DANS LES CHAUSSETTES

CHAUSSETTES AMÉRICAINES
SERENA WILLIAMS

Retraitée des cours de tennis en 2022, après dix-sept ans de carrière, Serena Williams a dépensé beaucoup d'énergie tout en gagnant beaucoup d'argent (une fortune estimée à 260 millions d'euros) et de tournois (23 titres en Grand Chelem en simple).

Serena avait un credo : on ne change pas une paire de chaussettes qui gagne. Quand la réussite lui souriait, c'est-à-dire tous les jours de tournoi ou presque, elle portait les mêmes chaussettes et, détail qui a son importance, sans les laver. Sachant que les compétitions majeures durent deux semaines, imaginez les économies de lessive !

CHAUSSETTES FRANÇAISES
MATHIEU BASTAREAUD

Avec son mètre quatre-vingt-quatre et ses cent vingt kilos, le rugbyman Mathieu Bastareaud a fréquemment martyrisé ses adversaires et son pèse-personne. En dehors des terrains, ce trois-quarts centre fait preuve de sentimentalisme : « J'ai toujours sur moi ma chaussette de Créteil, qui est mon premier club et auquel je suis resté très attaché. Elle reste accrochée à mon sac et je l'emmène partout », expliquait-il au site *Rugbyrama* en septembre 2015. Cette chaussette a fait du chemin car, après Créteil, Mathieu a joué à Massy, au Stade Français, à Toulon, à Lyon, à New York, sans compter les matchs disputés à travers le monde avec le XV de France pour lequel il a joué à 54 reprises.

CHAUSSETTES AMÉRICAINES

KAYLA HARRISON

Elle a marqué l'histoire du sport américain en étant la première judoka à remporter une médaille d'or olympique. C'était à Londres en 2012, dans la catégorie des moins de 78 kg. Elle a connu la même réussite quatre ans plus tard aux Jeux de Rio. Double victoire qu'elle doit à son talent, et à ses chaussettes porte-bonheur offertes par sa grand-mère. Chaque matin de compétition, elle les enfile et ne les quitte qu'au moment de monter sur le tatami. « Je suis adepte des rituels qui m'aident à me sentir bien, a-t-elle déclaré au micro de CBS. Quand je suis à l'aise, je prends confiance. Et quand je suis confiante, je gagne. » Démonstration intellectuelle et démonstration physique, Kayla Harrison sait tout faire !

CHAUSSETTES FRANÇAISES

AUDREY TCHEUMÉO

Il n'existe aucune raison objective incitant à penser que porter une paire de chaussettes affecterait positivement la performance sportive. A fortiori si le sport en question se pratique pieds nus.
Et pourtant, la judoka Audrey Tcheuméo, féroce combattante qui œuvre dans la catégorie des moins de 78 kg, a trouvé un truc pour attirer les médailles. « En tournoi, je porte toujours les mêmes chaussettes et, bizarrement, quand je mets ces chaussettes, je finis toujours avec une médaille. Mais attention, je les lave entre les compétitions. »

CHAUSSETTES ANGLAISES

LAURA TROTT

Évidemment, si elle n'était pas quintuple championne olympique aux Jeux de Londres, Rio et Tokyo, on ferait moins attention à l'étrange cérémonial de la cycliste sur piste Laura Trott. Avant chaque course, elle porte une paire de chaussettes propres, avec lesquelles elle marche sur une serviette mouillée. Ensuite, elle enfile ses chaussures, elle monte sur son vélo et elle gagne. Elle s'est livrée à ce rituel pour la première fois avant sa victoire aux championnats du monde junior de l'Omnium en 2010, et c'est devenu une habitude. Persuadée que la sensation d'inconfort l'a aidée à gagner, elle n'a jamais cessé depuis de mouiller le maillot et la chaussette.

CHAUSSETTES ANGLAISES

JACK GREALISH

Jack Grealish est un footballeur aussi talentueux et fêtard qu'il est superstitieux. Cela revient à dire qu'il est très superstitieux. Et très fêtard aussi ! Évoluant sous les couleurs de Manchester City, Grealish ne joue jamais un match autrement qu'avec les chaussettes baissées. Il doit cette superstition au hasard alors que, originaire de Birmingham, il jouait en catégorie jeune à Aston Villa. « J'avais 15 ans et mes chaussettes rétrécissaient au lavage. À l'entraînement, je ne pouvais pas les faire passer sur mes mollets car elles étaient trop petites. J'ai commencé à les porter sous mes mollets et, cette saison-là, j'ai très bien joué. J'ai décidé de garder cette habitude. » À quoi tiennent un look et un grand destin ? À une machine à laver défaillante !

QUIZ!?

LE TOUR DU MONDE DE LA SUPERSTITION EN 10 ATHLÈTES

1 JILLIAN CAMARENA-WILLIAMS

Médaillée d'argent aux championnats du monde d'athlétisme en 2010, la lanceuse de poids américaine a reçu un cadeau de la part de sa grand-mère, qu'elle porte sur la tête à chaque compétition :

A. Un casque jaune.
B. Un ruban jaune.
C. Un foulard jaune.

2 FARID EL ALAGUI

L'attaquant français a joué pour l'équipe de football des Hibernians en Écosse. Un jour, il a trouvé un objet sur le terrain au moment de l'échauffement. Il l'emmène partout où il joue et le confie à un membre de l'encadrement avant chaque match :

A. Un porte-monnaie.
B. Un lingot d'or.
C. Une pièce d'une livre sterling.

3 AYRTON SENNA

Le pilote brésilien de Formule 1, décédé le 1er mai 1994 lors du Grand Prix de San Marin, avait l'habitude de porter en course l'un des éléments de sa combinaison à l'envers :

A. Ses gants.
B. Ses chaussettes.
C. Son caleçon.

4 PAULETA

Pedro Miguel Carreiro Resendes dit « Pauleta », redoutable buteur originaire des Açores qui a joué à La Corogne, aux Girondins de Bordeaux et au PSG, glissait un objet dans son slip avant chaque rencontre :

A. Un ours en peluche.
B. Une clé à molette.
C. Une croix en bois.

5 EVELYN STEVENS

La cycliste américaine, quatre fois championne du monde du contre-la-montre par équipe, avait un porte-bonheur de couleur bleue, offert par sa sœur aînée, au début de sa carrière :

A. Un éléphant.
B. Un soutien-gorge.
C. Un vélo.

6 GABOR KIRALY

Le gardien de but hongrois, au début de sa carrière, a sauvé son club de la descente en deuxième division alors qu'il portait un vêtement gris. Il le garda en match pendant ses vingt ans de carrière au plus haut niveau, y compris avec l'équipe nationale de Hongrie :

A. Un pantalon de survêtement.
B. Un bonnet.
C. Un maillot.

7 GENNARO GATTUSO

Le footballeur devenu entraîneur a déclaré : « Je ne suis pas superstitieux, même si je suis italien », manière de dire qu'il est superstitieux. Lors du Mondial 2006 remporté par l'Italie, il a gardé à l'entraînement et en match le même vêtement :

A. Un short.
B. Un bandeau.
C. Un sweat-shirt.

8 GUY ROUX

Le célébrissime entraîneur de l'AJ Auxerre, les jours de match, devait rapporter de sa promenade un objet porte-bonheur :

A. Une fleur jaune.
B. Un feu rouge.
C. Un cochon rose.

9 JAKE LAMOTTA

Champion du monde des poids moyens en 1949, le boxeur américain, tout au long de sa carrière, arrivait sur le ring avec un objet couleur léopard :

A. Un slip.
B. Un protège-dents.
C. Un peignoir.

10 EDERSON

Pour gagner des matchs et remporter des titres, le gardien de but brésilien de Manchester City a un atout. Il utilise le même sous-vêtement. Mais pendant combien de temps ?

A. Un caleçon par jour.
B. Un caleçon par saison.
C. Un caleçon par décennie.

Voir les réponses en p. 169.

« Trouver les mots pour dédramatiser »

Stéphane Hucliez

Stéphane Hucliez, entraîneur national de tennis de table, est conseiller technique national adjoint à la détection, en charge des 12 à 13 ans. Accompagnant les plus jeunes vers les compétitions de haut niveau, il observe le comportement de cette élite future, avec ses fragilités et ses insouciances.

Vous avez accompagné les jeunes talents du tennis de table français depuis des années dans les compétitions internationales. Comment se comportent-ils à l'approche de ces rendez-vous ? Comme leurs aînés, ont-ils leurs propres rituels pour se préparer ?

À l'âge d'un benjamin ou d'un minime, ils suivent surtout les consignes des entraîneurs. Ils écoutent beaucoup et n'ont pas encore de certitudes. Si le coach leur dit : « Tous les 6 points, tu vas à la chaise pour prendre ta serviette parce que tu y as droit », ils y vont. Ça va les calmer, c'est un truc pour faire redescendre la pression. Autour de la table, on peut parler et coacher tous les points, maintenant. C'est rassurant pour eux. On est là pour les former, mais il ne faut pas faire tout à leur place. Ils doivent grandir.

« TOUS LES 6 POINTS, TU VAS À LA CHAISE POUR PRENDRE TA SERVIETTE PARCE QUE TU Y AS DROIT. »

Prêts à disputer des rencontres de haut niveau à l'échelon international, ont-ils déjà des habitudes, des manies ?

Ils ont toujours un modèle de champions, ceux qu'ils aiment bien, celui qu'ils vont copier. Félix Lebrun [n° 1 français, dans le top 5 mondial aux Jeux de Paris] a grandi en regardant les joueurs asiatiques de son club [Montpellier] comme des modèles. Il s'en est inspiré en termes de technique mais aussi de comportement pendant les matchs. Prendre son temps entre les points, développer des gestes, il faut s'attacher à tout. Le joueur adulte sait plus tard aborder ces moments, trouver la parade, s'accrocher à ce qu'il a déjà fait.

Observez-vous ce changement, ce besoin de se rassurer par des petites choses personnelles quand ils grandissent ?

Moi, je leur inculque tôt d'avoir un rituel d'échauffement, toujours le même. Des courses, des étirements, par exemple. Créer son propre rituel, c'est avoir des repères, les répéter. Ça met en confiance ; après, chacun adaptera à ce qui lui convient. Chez les minimes, c'est compliqué si t'es pas derrière eux tout le temps. Notre but, c'est qu'ils deviennent autonomes rapidement. Il existe à cet âge une forme d'insouciance et une part d'inconnu. S'ils manquent de repères, il faut trouver les mots pour dédramatiser, repousser la pression. On joue sur ce que le jeune joueur a déjà fait, les points techniques, les points positifs. L'important, c'est de le mettre en situation de s'approprier le moment.

« ON S'EST TOISÉS. IL M'A REGARDÉ ET IL A PASSÉ SON INDEX SOUS LA GORGE COMME SI LE SOIR IL ALLAIT NOUS EXÉCUTER. À L'ISSUE DE LA FINALE, JE L'AI FIXÉ À MON TOUR ET JE LUI AI ADRESSÉ LE MÊME GESTE. »

Parlent-ils d'une routine ? Le même polo, les chaussures, la raquette fétiche, etc. ?

Ah ! oui, le genre « j'enfile la chaussette gauche d'abord, puis la droite »... [Il se marre.] Non, non... Même chez les seniors, la conversation sur ces sujets reste très personnelle. On en parle s'ils l'évoquent, mais c'est rare. Après, on apprend toujours des histoires, mais chez les tout jeunes, il n'y a pas encore ces références. C'est encore le jeu. Ils sont en quête de maturité.

Dans le tennis de table comme dans d'autres sports individuels, l'aspect psychologique est essentiel. Certains ont besoin de se raccrocher à des croyances. Chez les jeunes, est-ce déjà présent ?

C'est une forme d'apprentissage. Auprès des plus jeunes, en stage ou en compétition, je leur demande surtout de se démarquer, c'est important. Quand ils sont en groupe, ils ont tendance à suivre celui qui est le leader par sa personnalité. Si ce que fait ce leader n'est pas top, ils ne vont pas oser faire comme ils l'entendent. On fait un sport individuel. Plus vite ils ont leur rituel, mieux c'est.

Certains acquièrent peut-être une maturité plus rapide, de pair avec leur talent...

J'ai croisé souvent, chez les juniors, Dimitrij Ovtcharov [international allemand d'origine ukrainienne et n°1 mondial en 2018], qui a ensuite été plusieurs fois médaillé olympique. En plus de son talent, il avait une faculté à en imposer en dehors de la table. Tu étais dans le même hôtel, il te faisait comprendre que c'était lui le champion, du coup il impressionnait beaucoup ses jeunes adversaires. Quand avec l'équipe de France on est champions d'Europe juniors [à Prague en 2005], on bat l'Allemagne d'Ovtcharov 3-0 en finale. Le matin, pour qu'Ovtcharov ne perturbe pas nos joueurs, c'est moi qui suis allé vers lui. On s'est toisés. Il m'a regardé et il a passé son index sous la gorge comme si le soir il allait nous exécuter. À l'issue de la finale, je l'ai fixé à mon tour et je lui ai adressé le même geste. L'intox fait partie de l'avant-match. À Roland-Garros, quand Nadal s'échauffait comme un fou avant le match, souvent l'adversaire l'observait, un peu incrédule. C'est de la prise de pouvoir psychologique. Quand tu vois un mec déterminé, tu te demandes ce qui va t'arriver. Au fil de leur carrière, les joueurs vont peu à peu s'approprier leur rituel pour anticiper la pression : ceux qui veulent systématiquement aller se préparer trois heures avant, d'autres qui retardent l'arrivée à la salle ou ont besoin de téléphoner à leurs proches juste avant la partie. Ça fait partie de la maturité, de ce que chacun construit. C'est l'expérience qui va guider ces jeunes, ça nous échappe.

➔ Les frères Félix et Alexis Lebrun, stars montantes du tennis de table, ont déjà, à 18 et 21 ans, leurs rituels et leurs superstitions.

BNP PARIBAS
HEAD
Perrier
LACOSTE

À TABLE !

« L'appétit vient en mangeant », répètent machinalement les champions quand ils enchaînent les succès. La littérature sportive se nourrit des plus belles expressions culinaires pour célébrer exploits et défaites. Mais pour les athlètes de haut niveau, la nourriture est une chose sérieuse. Avant de voir s'ils ont quelque chose dans le ventre pour affronter l'adversaire, beaucoup prennent le plus grand soin de leur routine alimentaire. Au menu des croyances et autres superstitions, l'alimentation coche toutes les cases.

Il y a la recette qui fait gagner, le poulet grillé qui vous donne des ailes, la petite faiblesse sucrée qui ne vous fera pas perdre, le soda qui fait bondir. On ne badine pas avec les habitudes quand on est champion. Quitte à braver les interdits de la nutrition sportive. On croit plus aux vertus de son plat fétiche qu'à la lecture des recommandations du nutritionniste. Dans les histoires suivantes, elles et ils ont tout essayé et digéré pendant des années.

La recette secrète du succès, sans doute.

MICHAEL PHELPS

CLAM DE FAIM !

Le plus grand nageur de l'histoire a tout gagné dans les bassins mondiaux. Son secret ? L'Américain avait un appétit d'ogre pour le travail et la nourriture, avalant jusqu'à 10 000 calories par jour, avant de se dépenser des heures. Au menu de son épopée, on trouve aussi une mystérieuse addiction pour la soupe aux palourdes.

Michael Phelps a le dos large, les épaules carrées et la nuque musclée. Il faut au moins ça. Sur la photo de *Sports Illustrated* en cette fin d'année 2016, le nageur de Baltimore pose à la Une du mythique magazine américain. Stature d'empereur, regard figé, il porte autour du cou ses 28 médailles olympiques reçues en quatre éditions (2004, 2008, 2012 et 2016). Ave Michael. À jamais le plus grand, le seul sportif à posséder autant de breloques olympiques. Le cliché dit la gloire, il n'étale pas tout le palmarès hors norme du prodige de Baltimore : 23 titres olympiques dont 8 dans une seule édition, à Pékin en 2008 – du jamais vu pour un athlète masculin –, 27 sacres mondiaux (grand et petit bassins), 9 records du monde en autant d'épreuves, l'ancien élève de Bob Bowman – aujourd'hui coach de Léon Marchand – était un nageur complet même si sa nage de prédilection est restée le papillon.

Longtemps après sa retraite officielle des bassins, à l'issue des Jeux de Rio de Janeiro en 2016, à 31 ans, sa trace a encore creusé l'eau. Même quand ses longs bras et son mètre quatre-vingt-treize ne provoquaient plus de vagues dans le bassin. Il reste la légende aujourd'hui, et une savoureuse histoire de soupe aux palourdes, réchauffée au fil des ans, qui colle au récit de son fabuleux parcours.

« J'ÉTAIS AVEC MON PÈRE ET ON LE REGARDAIT AVALER TOUT ÇA. »

Jason Villemez

Et là naquit une réputation

L'affaire prend forme dans la piscine de Deptford Township dans le New Jersey en plein été 1997. Michael, 12 ans, est attendu comme un phénomène. Il a commencé la natation bien plus jeune au North Baltimore Aquatic Club, non loin de Towson, le quartier de la banlieue du grand port du Maryland. Le voilà dans les finales des championnats de la Côte est, une compétition qui a retenu les plus doués de la Virginie jusqu'au Maine. Mais les ados ont des priorités d'ados. Aux petits déjeuners, déjeuners et dîners des motels où ils sont hébergés, on ne parle pas encore de diététique. Ou pas toujours. Ou pas tout le monde.

Ce jour-là, à la mi-journée, entre les séries du matin et avant les finales de fin d'après-midi, Michael, accompagné de sa mère Debbie, vient s'installer à une table. Ses voisins le voient alors commander une grosse soupe de palourdes (*clam chowder*), un de ses plats préférés, typique de la Côte est. En revanche la gaufre à la crème glacée à la vanille, son dessert favori, attendra. Le gamin engloutit la préparation aux coquillages baignant dans une purée très crémeuse de pommes de terre. Gloup !

« J'étais avec mon père et on le regardait avaler tout ça », racontera quelques années plus tard le journaliste américain Jason Villemez, lui aussi engagé dans les championnats de jeunes. « Il fallait manger avant les courses mais j'avais peu d'appétit alors je me forçais un peu à avaler des fruits, un bout de club-sandwich. » Non loin de lui, l'ado de Baltimore tient la cuillère solidement. Impressionnant.

Rassasié, Phelps file avec sa maman à la piscine, les victoires n'attendent pas. Le même scénario va se répéter toute la semaine. Au final, le gamin de Baltimore quitte le New Jersey avec des médailles, beaucoup, et une réputation de gros mangeur, déjà.

Phelps, coaché par Bob Bowman dès le début, se fait un nom et un prénom dans la natation américaine. Le duo sillonne les États-Unis et les meetings. Le voilà pour les championnats d'hiver en début d'année 2000 à Federal Way, dans l'État de Washington, dans la banlieue sud de Seattle. Ils s'installent une petite semaine à l'hôtel et prennent leurs repas au Mitzell's, le restaurant mitoyen. La suite, Phelps la raconte : « On a séjourné là quatre ou cinq jours, et tous les midis et soirs, c'était le même menu : une tranche de pâté de viande, des légumes verts et un bon bol de soupe de palourdes. » Michael a 15 ans et va battre son record personnel dans le bassin du King County Aquatic Center. Il repart de Seattle après avoir impressionné les adversaires et gagné le surnom de « Mister Clam Chower ». « C'était peut-être toujours la même chose, mais c'était toujours bon », reconnaît l'adolescent.

Son retour à l'entraînement dans son club de Baltimore fait de lui un héros, et son appétit pour la soupe de palourdes ajoute à la popularité. Sa qualification lors des sélections nationales au début de l'été à Indianapolis lui offre logiquement une première sélection dans Team USA et un voyage pour les Jeux à Sydney. Juste avant de partir pour Pasadena (Californie) où l'équipe américaine est en stage, un copain du NBAC déboule à la piscine avec une boîte de *clam chowder* et convainc Phelps de la mettre dans son sac comme un porte-bonheur. Michael accepte et la soupe s'envole.

Le pouvoir de la *clam chowder*

À Sydney, Phelps devient le premier nageur américain aussi jeune à participer à la fête olympique depuis soixante-huit ans. Dans l'eau de feu de l'Aquatic Center de Sydney, il se classe cinquième de la finale du 200 m papillon – sa spécialité – gagnée par le grand Ian Thorpe. C'est la première et dernière fois qu'il repartira des Jeux sans monter sur un podium, mais il ne le sait pas encore.

À Baltimore, l'entraînement reprend avec la fin de l'automne et la perspective des Mondiaux au Japon en août 2001. Michael, grand ado, jette toujours un œil sur les matchs de base-ball, son autre passion, et cultive sa préparation. L'histoire de la soupe de palourdes a déjà fait du chemin. On raffole de la répéter au club, lui s'en repaît à la maison.

À Fukuoka, Ian Thorpe nage toujours aussi vite mais Michael Phelps, 16 ans, est là pour partager un bout de l'affiche. Cette fois, il gagne le 200 m papillon et bat le record du monde. Si vite, si jeune. Le grand ado de Baltimore n'est plus un phénomène dans son pays, il s'invite dans la cour des puissants. On veut tout savoir. Son entraînement, son lycée, sa vie, ses hobbies. Il a l'âge de répondre sans calcul. Parle de musique, de rap, de base-ball. Conte ses débuts en piscine avec ses sœurs, livre quelques confidences et évoque cette boîte de soupe de palourdes qu'un copain lui a fait embarquer comme porte-bonheur. C'est promis, dit-il, il l'emportera dans tous ses déplacements à l'étranger.

La conserve de la victoire

De 2001 à 2016, Michael a visité toute la planète bleue. Et l'affaire de la boîte de palourdes a suivi en bagage accompagné. Amusé, le grand nageur y fait référence, entretient le mystère, accompagne les questions. À Athènes, où Phelps triomphe déjà avec six titres, plus deux autres médailles, l'anecdote de la *clam chowder* devient potion magique. Phelps s'en amuse. Même le grand Ian Thorpe se demande si à la douane grecque on a bien vérifié la date de péremption... Question appétit, Phelps est toujours impressionnant. Sa silhouette de 1,93 m et ses 90 kg laissent peu de place au régime de champion qu'il révèle. Phelps dit consommer entre 8 000 et 10 000 calories par jour, presque quatre fois la ration d'un individu mâle moyen. Avec quatre repas quotidiens, le multimédaillé est un ogre.

Trois sandwichs aux œufs au plat avec du fromage, de la salade, des oignons frits et de la mayonnaise, puis une grosse omelette avec des toasts, un bol de flocons d'avoine et deux tasses de café accompagnées de crêpes au chocolat pour caler le petit déjeuner, ça vous met dans le bain. À midi, il faut reprendre des forces : 500 grammes de pâtes, deux grands sandwichs jambon-beurre-fromage, le tout arrosé de boissons énergétiques, ça donne envie de retourner au bassin après la sieste. Il reste, le soir, à choisir entre la pizza ou les pâtes à la carbonara, ou les deux, avant d'aller dormir, sans oublier d'engloutir un peu de soda. Résultat : 8 % de matière grasse et un moteur de fusée pour surfer sur l'eau. Quand on grille 1 000 calories à l'heure dans l'entraînement, il faut avoir un bon coup de fourchette. Et encore un peu de place pour la soupe aux palourdes. Elle n'a pas quitté la table.

Les années passent, Phelps ne renie pas son plaisir de tremper la cuillère dans une *clam chowder* quand il peut. Sa carrière l'exporte à l'entraînement dans le Michigan puis en Arizona près de Bob Bowman. Loin de Baltimore et ses marchés aux coquillages, peu importe, il laisse courir la légende de sa boîte de conserve porte-bonheur. Quelques coéquipiers enjolivent le récit. À Baltimore, des restaurants se piquent au jeu et présentent la recette qui « fait des champions ». Des fans adressent des boîtes de soupe au NABC. Tout pour y croire. Même Phelps.

Après les Jeux de Londres en 2012, la « fusée de Baltimore » n'a plus de ressort. L'élève de Bowman annonce sa retraite en août et plonge dans une lente dépression. Pour s'en sortir, il reprend l'entraînement et la compétition en avril 2014 avec un dernier défi : participer à ses cinquièmes Jeux à Rio à l'été 2016.

Bowman le remet au travail, et l'histoire s'ingénie à ramener les deux hommes à Federal Way en décembre 2015 pour les championnats nationaux. Phelps y triomphe, accumule les titres à nouveau, promis à un final l'été suivant au Brésil. « Être là dans cette même piscine quinze ans plus tard, ce n'était pas anodin », se souvient le plus grand nageur de l'histoire. Le restaurant Mitzell's était toujours là, les deux hommes y sont retournés, par habitude. Comme pressés de convoquer la chance. « Avec Bob, on avait de bons souvenirs ici. C'est là que tout a commencé. J'ai demandé à une des serveuses s'ils avaient toujours mon plat préféré à la carte. » Phelps a dégusté sa soupe de palourdes. La victoire, ça creuse l'appétit !

« AVEC BOB, ON AVAIT DE BONS SOUVENIRS ICI. C'EST LÀ QUE TOUT A COMMENCÉ. J'AI DEMANDÉ À UNE DES SERVEUSES S'ILS AVAIENT TOUJOURS MON PLAT PRÉFÉRÉ À LA CARTE. »

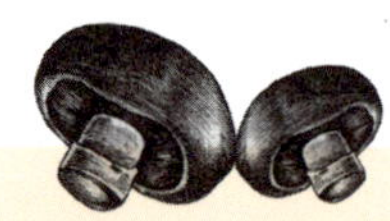

La soupe des champions

La célébrissime *clam chowder soup*, ou « soupe de palourdes », appartient au patrimoine culinaire des États-Unis. Si Boston, l'immense cité portuaire du Massachussetts, est reconnue comme la ville qui a vu bouillir la première soupe, plusieurs autres mégapoles du pays défendent leur recette originale.

Un peu d'histoire : ce potage – selon les tenants de la tradition bostonienne – comprend des grosses palourdes américaines (*clam*), de la crème, des pommes de terre écrasées, le tout cuisiné dans un poêlon (*chowder*) ou même un gros pain. Avec du sel et du poivre, c'est goûtu ! Le plat est sorti des cuisines pour réchauffer les marins et autres pêcheurs de la côte est, du Maryland à la Nouvelle-Angleterre quand débarquaient les colons venus d'Europe. Il fallait se réchauffer avec une soupe qui tienne au corps.

En bord de mer, la *clam chowder* est un must. La recette a voyagé du nord-est à la Floride, en passant par New York. Et, logiquement, elle a rejoint la côte ouest où San Fransciso s'est emparé de ce plat national. À Boston, on utilise la crème. À New York, on ajoute du lard ou du porc. À Miami, on lie l'ensemble avec de la sauce tomate à la place de la crème, avec du piment et des oignons. À San Francisco, certains ajoutent du céleri ou du bouillon de poulet. Des morceaux de poisson blanc et d'autres petits coquillages ont également çà et là plongé dans le bain.

Vous pouvez acheter aussi la préparation toute faite en conserve. Ce qu'avait choisi Michael Phelps très tôt. Bien cuisinée, elle ne vous garantit pas de nager aussi bien que la légende olympique, mais ça vous remplira l'estomac.

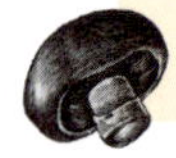

QUIZ!?

Oui, chef !

Si quelqu'un est bien placé pour connaître les goûts et les secrets culinaires des Bleus, c'est Xavier Rousseau, chef cuisinier de l'équipe de France de football depuis 2017. Il a également été le chef d'autres lieux emblématiques du sport français. Lesquels ?

1. Le restaurant de Roland-Garros.
2. Le restaurant de l'hippodrome de Vincennes.
3. Le restaurant du Stade de France.
4. Le restaurant de l'Accor Arena Paris-Bercy.
5. Le restaurant du circuit des 24 Heures du Mans.

Bois-la comme Gretzky

Wayne Gretzky, légende du hockey sur glace canadien, était un joueur très méthodique. Il enfilait ses tenues toujours de la même façon (voir aussi p. 87, « Le vestiaire ») et procédait pareillement quand il fallait s'hydrater avant de jouer. Du Gatorade, du Coca light, de l'eau glacée. Il buvait quatre verres à la suite mais dans un ordre bien précis. Lequel ? Mettez-les dans l'ordre avant d'aller patiner.

1. Un verre d'eau glacée.
2. Une canette de Coca Light.
3. Une bouteille de Gatorade.
4. Une canette de Coca Light.

Alexeiev, c'est du lourd

L'haltérophile Vassili Alexeiev, champion olympique des lourds en 1972 et 1976 et 22 fois champion du monde, développait une force herculéenne. Le secret de sa réussite et d'un poids de forme entre 150 et 160 kg ? Trouvez la bonne réponse !

1. 500 g de caviar.
2. Six œufs gobés crus.
3. Un kilo de gâteau de semoule.
4. Un demi-litre de crème à la vanille.

Voir les réponses en p. 169.

BON APPÉTIT !

C'est du gâteau

Brian Urlacher, linebacker de légende dans l'équipe des Chicago Bears, a pris sa retraite en 2013 à 35 ans. Pendant toute sa carrière, comme la plupart de ses collègues jouant en défense en NFL, Urlacher affichait un poids de forme au-dessus des 110 kg pour 1,93 m, autant de qualités athlétiques boostées par une alimentation hyperprotéinée, à base de poulet et de poisson avant les matchs. Tout pour nourrir de solides gaillards. Urlacher, superstitieux, ajoutait sa touche personnelle à ce copieux menu. Avant chaque match, il avalait deux cookies aux pépites de chocolat. Pas plus, pas moins. Une petite douceur, bonne pour le moral, avant d'entrer dans un monde de brutes. Étrangement, Filippo Inzaghi, l'ancien buteur de la Juve et du Milan AC, partage la même obsession que le footballeur américain. Au vu de leurs gabarits respectifs, c'est le seul point commun. « Pippo » l'Italien avait besoin lui aussi d'avaler plusieurs biscuits, friandises enfantines, qu'il apportait dans une petite boîte déposée dans le placard du vestiaire. Avant l'échauffement, avant d'entrer sur le terrain, l'ancien buteur de la Squadra Azzurra grignotait frénétiquement mais laissait systématiquement deux biscuits dans la boîte. Intrigué, son coéquipier Andrea Pirlo le questionna sur son tic. « Comme ça, tout est en place pour que je réussisse », répondit Inzaghi.

« COMME ÇA, TOUT EST EN PLACE POUR QUE JE RÉUSSISSE. »

Filippo Inzaghi

Les haricots de Cueto

Mark Cueto, l'ailier des Sale Sharks, où il fut partenaire de Sébastien Chabal, et du XV de la Rose, où il comptait 55 sélections avant sa retraite en 2015, était connu pour respecter une routine superstitieuse dans le vestiaire. Il enfilait sa chaussure gauche avant celle de droite, tenait à sortir le dernier du vestiaire, du déjà-vu… Mais l'international britannique a aussi confessé une petite faiblesse quand il a arrêté sa carrière. Chaque matin de match, il observait le même rituel culinaire : une bonne louche de haricots blancs étalée sur une grande tartine de pain grillée au petit déjeuner. *So british !* Il a juste évité d'y ajouter la sauce à la menthe…

Allen, c'est du poulet

Ray Allen, champion NBA avec les Boston Celtics (2008) et le Miami Heat (2013) a longtemps possédé le record du nombre de paniers à 3 points. Une machine à marquer, réglée au millimètre. Comme la carrière de cet immense basketteur. Pour se sentir à l'aise, respecter un emploi du temps immuable le jour de match : sieste de 11 heures à 13 h 30 et déjeuner à 14 h 30. Au menu ? Toujours une grande assiette de riz nature avec du poulet grillé. Le temps de digérer, et le basketteur allait se raser la tête avant d'entamer une longue séance d'échauffement.

Chocapic, Twix et beurre de cacahuète

On peut avoir une grosse faim de victoires quand on est basketteur professionnel et partager une petite faiblesse qui nourrit le mental et l'estomac. Kevin Garnett, l'une des stars de la NBA, avait besoin d'avaler - au moins - un sandwich au beurre de cacahuète accompagné de gelée de fruit avant chaque rencontre. Cela n'a jamais empêché « The Big Ticket », un de ses surnoms, de faire décoller ses 115 kg sous les paniers jusqu'à sa retraite en 2016 quand il portait le maillot des Minnesota Timberwolves.

Les Chocapic avalés avant de jouer par Nicolas Batum appartiennent au rituel de l'international français tout comme la minutie de son échauffement. « Je fais les cinq mêmes tirs à l'échauffement depuis que j'ai 14 ans, explique-t-il. Si je ne les tentais pas, je ne me sentirais pas bien. Je suis superstitieux, c'est presque maladif. »

Nicolas Lang, solide joueur du championnat de France, arrivé à Limoges en 2019, est un autre cas, ainsi qu'il l'a révélé au quotidien local, *Le Populaire du Centre* : « À Châlon [le club de ses débuts pros en 2007], je mangeais toujours le même [menu] McDo la veille du match. C'était avant que je travaille avec un nutritionniste. Le matin d'un match où j'avais bien joué, j'avais mangé des Twix. Eh bien, ensuite, j'en ai mangé tous les matins pendant deux mois. En fait, j'essayais de tout reproduire à l'identique après une bonne performance. Si j'avais été bon après avoir fait la sieste de 14 heures à 15 h 30, le match d'après, je ne me levais pas avant 15 h 31... » Précis.

À vous couper l'appétit

À 17 ans, Tony Lockett a démarré son ahurissante carrière professionnelle dans la ligue nationale de football australien, ou Australian Rules. Là où le physique et le courage poussent à toutes les tentatives. Lockett a joué près de 300 matchs avec Saint-Kilda puis les Sydney Swans et inscrit 1 360 buts. Un record.

Le géant australien a révélé dans son autobiographie qu'il avait aussi une routine secrète. Incapable d'avaler quoi que ce soit le jour de la rencontre, et même pris de vomissements parfois avant d'entrer en jeu à cause de la pression qu'il se mettait, il s'interdisait de déjeuner, se contentant du dîner de la veille pour se remplir l'estomac. La faim justifie les moyens.

Un beau brin de coach

En 2007, Leslie Miles, coach de l'équipe de football de Louisiana State, a remporté le titre universitaire avec le coach de l'équipe de football des Tigers de LSU. En quarante saisons, « Les » s'est montré plutôt brillant à la tête des différentes équipes qu'il a entraînées. La presse a tout disséqué de sa tactique mais c'est lui qui a révélé son petit secret. Il avait pris l'habitude d'arracher quelques brins d'herbe de la pelouse du stade et de les mâchonner avant la rencontre.

Un porte-bonheur auquel il ne dérogea pas la saison où Louisiana remporta le titre. « C'est une manie qui me permet de ne faire qu'un avec le terrain et le match, dit-il un jour aux reporters. Vous auriez pu vous en apercevoir depuis quelques matchs. Et je peux vous affirmer que de toutes les pelouses, c'est la nôtre qui a le meilleur goût. »

BOISSONS COMPRISES

Butler a du peps

Caron Butler a déménagé sa grande carcasse de basketteur dans une dizaine de franchises de NBA et a même, au cours de ses pérégrinations, remporté le titre NBA avec les Mavericks Dallas face au Miami Heat de LeBron James en 2011. L'ailier a mis du temps à renoncer à une superstition qui lui collait depuis ses premières saisons universitaires. Joueur des Huskies Connecticut, il avait pris l'habitude de débarquer le jour du match dans le vestiaire avec une grande bouteille de deux litres de Mountain Dew, une marque de soda aux agrumes additionné d'une bonne dose de caféine. Avant la rencontre, Butler avalait un litre pour se mettre en condition. De retour au vestiaire à la mi-temps, il ingurgitait le second litre. On ne sait pas si la formule a suffi à lui donner du peps mais il y croyait. Il a fallu un transfert aux Washington Wizards pour tarir la source. Jugeant sans doute la quantité de soda ingurgitée peu compatible avec la bonne hygiène d'un sportif de haut niveau, le staff des Wizards a vite stoppé la consommation de Caron. Il a néanmoins conservé son jeu pétillant. Au bout de sa première saison à Washington, Butler est apparu pour la première fois dans le All-Star Game. Ça s'arrose ! On ne sait pas ce qu'il a bu pour fêter ça...

Yachine cul sec !

Lev Yachine, le mythique gardien de but de l'équipe d'URSS de l'après-guerre, a accumulé autant les superlatifs que les arrêts dans sa glorieuse carrière entamée au milieu des années 1950 avec son club, le Dynamo Moscou, puis sa sélection nationale. Tout de noir vêtu, le grand moscovite impressionnait les attaquants et, faute de retransmission télévisée généralisée, la légende accompagnait toutes ses sorties. On lui prête ainsi d'avoir arrêté 150 penalties. Invérifiable. En revanche, celui qui gagna le surnom d'« Araignée noire » grâce à sa détente, sa souplesse et son efficacité, fut le premier gardien champion d'Europe des nations avec l'URSS en 1960 et le seul goal de l'histoire à recevoir le prestigieux Ballon d'Or de *France Football*, décerné en 1963.
Quand sa carrière s'acheva à la fin des années 1960, Yachine, héros de la grande URSS, s'est livré à quelques confessions. On le devinait invincible, il révéla qu'il était gagné par le stress avant chaque match et, pour évacuer son angoisse, il grillait une ou deux cigarettes. « Il m'est arrivé parfois de fumer un demi-paquet dans la journée », insista Yachine. Et pour dissiper le doute, le gardien moscovite avait une ultime parade : un petit verre de vodka bu cul sec avant de quitter le vestiaire pour entrer sur le terrain. Du brutal !

Ce n'est pas de la petite bière

Georges Peyroche, entraîneur du Paris Saint-Germain dans les années 1980, avait cette formule quand on lui parlait de pression avant les matchs : « Ça me fait penser à la bière » et, aussitôt, il pouvait vous proposer de boire un demi. On connaît les vertus du houblon pour récupérer après le match ou chanter avant – à chacun son rôle dans le stade – mais le breuvage a aussi ses vertus… psychologiques. Joueur de Manchester United dans les années 1990, Robbie Savage sacrifiait au même rituel : une pinte ou une canette de Guinness ! Il avouait – plus ou moins sincèrement – détester l'alcool mais buvait « par superstition ». Patron, remettez-nous ça !

La méthode a ses adeptes. De l'autre côté de l'Atlantique, c'est Lindbergh, gardien suédois de l'équipe de hockey sur glace des Flyers de Philadelphie, qui surveillait sa consommation. Certes, il fut l'un des premiers à poser une bouteille d'eau sur le filet de sa cage pour s'hydrater pendant le match mais il avait un autre tic. À chaque pause, sur le banc, il buvait une bière apportée par un assistant, et pas n'importe laquelle : une Pripps, issue d'une brasserie suédoise, servie dans un verre avec deux glaçons ! De quoi se réchauffer. On ne change pas un gardien qui aime boire, et pourtant le grand Suédois est décédé un jour, victime d'un accident de voiture. Avec un taux d'alcool très élevé. Étonnant, non ?

La potion magique de Machida

Le Brésilien Lyoto Machida, solide quadragénaire aujourd'hui, a été longtemps l'une des stars du MMA (*Mixed Martial Arts*) où il terrorisait des adversaires prisonniers de l'octogone. À coups de poing et de pieds, il a assommé la concurrence qui ne trouvait pas la faille du colosse. La recette du succès était bien cachée. Il a fini par en livrer quelques détails très… personnels. Le poids lourd sud-américain consommait sa propre urine, persuadé des bienfaits du breuvage. « Les gens pensent que je plaisantais, mais c'est très sérieux. En fait je n'en ai jamais parlé aux États-Unis quand j'y combattais car je craignais que les fans soient choqués. Boire son urine chaque matin a une vraie vertu médicinale », assure Lyoto. C'est ce que lui a enseigné son père, car dans la famille Machida, d'origine japonaise, boire son urine est une habitude. À votre santé !

Un grand cru italien

L'Euro 2020 de football, décalé en juin 2021 en raison de la pandémie, a sacré l'Italie. Après tant de déboires, les Azzurri ont bruyamment fêté leur victoire obtenue après la séance de tirs au but à Wembley face à l'Angleterre. La soirée qui s'est étirée jusqu'au petit matin a rappelé une anecdote savoureuse. Depuis le premier match du tournoi, joué et gagné à Rome, les Italiens avaient pris l'habitude d'organiser un barbecue le lendemain de la rencontre.

Dans le centre technique national de Coverciano, près de Florence, où ils résident, les tables sont dressées. Malencontreusement, un convive renverse une bouteille de vin sur la nappe ! En Italie, c'est un signe de réussite. Il faut aussitôt tremper son doigt dans la tache et toucher son oreille avec. Tous le font. Au lendemain du deuxième succès de l'équipe de Roberto Mancini, contre la Suisse, un barbecue est de nouveau organisé. Superstitieux, un membre du staff renverse une bouteille de chianti, on se presse autour de la table, et basta cosi ! Cette Squadra Azzurra, privée de Mondial en 2018, est un grand cru. Elle aligne les victoires et les barbecues, toujours arrosés d'un chianti qui finit sur la nappe.

Arrive la finale à Wembley contre l'Angleterre. Même loin de Rome, les joueurs transalpins ont observé scrupuleusement le même rituel au fil des matchs. Après une éprouvante série de tirs au but, l'Italie s'impose. Ça se fête, ça s'arrose. Heureusement, il restait quelques bouteilles pleines de chianti. Depuis, à Coverciano, on sort la nappe pour les grandes occasions. Hélas, il n'y en a pas eu beaucoup. La non-qualification au Mondial 2022 et la piteuse élimination à l'Euro 2024 ont fait tache.

13
15
15

LE NUMÉRO GAGNANT

Moins d'un Français sondé sur deux (38 %) se déclare superstitieux, selon l'étude du CSA pour la Française des jeux. Avoir des numéros favoris serait donc plutôt une question de sensibilité personnelle. Pourtant plus de quatre Français sur dix (42 % des sondés) déclarent avoir un « numéro chance » pour jouer. Nuance ! Les récits des exploits sportifs comptabilisent les records, les légendes, les destins, les succès, les revers et les numéros. Porté sur un dossard de ski, la plaque d'un vélo, le dos d'un maillot de football, de basket-ball ou de handball, le numéro, c'est sacré. Un sceau.

LE 13 FAIT UN MALHEUR… OU PAS

En football, le 10 est mythique, en basket-ball le 23 est « jordanesque », au rugby le 9 est au-dessus de la mêlée, mais seul le 13 porte toute une histoire.

Chiffre de la chance ou porte-malheur, le 13 s'invite dans la vie des équipe, et, comme le sparadrap du Capitaine Haddock, impossible de s'en débarrasser.

Valeri Lobanovski, l'entraîneur ukrainien des saisons dorées du Dynamo Kiev, alors dans le championnat soviétique, mais également sélectionneur de l'URSS à trois reprises jusqu'à la période faste de la fin des années 1980, avait formellement interdit qu'on floque une tunique avec le numéro 13 dans le jeu de maillots de son équipe. Il estimait que cela portait malheur. Et Lobanovski, colonel dans l'Armée rouge, ne plaisantait pas, lui qui menait les entraînements de ses joueurs même quand le thermomètre grelottait sous - 10 °C. À Kiev, on ne vit pas le 13. Ordre de Valeri. Mais en Coupe du monde et à l'Euro, le règlement officiel ignore la superstition, et Lobanovski dut se résoudre à aligner un numéro 13 sur ses feuilles de match.

Si loin du visage glacial du coach ukrainien qui ne souriait jamais, la figure de Mario Zagallo, premier footballeur à gagner une Coupe du monde comme joueur puis comme sélectionneur (depuis, Franz Beckenbauer et Didier Deschamps l'ont rejoint), respirait la joie et le football samba. Son rapport au numéro 13 opposait aussi les deux techniciens. Le Sud-Américain vouait, lui, une adoration à ce chiffre. Irrationnelle. Il lui prêtait un pouvoir magique, une force divine. Joueur, à Flamengo ou Botafogo – les deux grands clubs de Rio de Janeiro – mais aussi en sélection, Zagallo avait obtenu de porter le maillot numéro 13. Une demande faite en référence à son épouse qui vénérait, comme lui, saint Antoine, né un 13 juillet.

La suite tient du mystère. Zagallo, devenu international, remporte sa première Coupe du monde en 1958. 5 + 8 = 13. Parti sur le triomphe du succès au Mexique en 1970 comme sélectionneur, Mario accepte de revenir au poste d'entraîneur adjoint de la Seleçao au

AVEC SON 13 À L'ENVERS, LE COUREUR HELVÉTIQUE POURSUIT SON NUMÉRO DE LEADER DANS CE DÉBUT DE TOUR.

Mondial 1994 aux États-Unis. Le Brésil n'a rien gagné depuis vingt-quatre ans, mais s'impose sur l'Italie en finale à Los Angeles. 1994 : 9 + 4 = 13. Zagallo y croit. Quatre ans après, toujours en poste, son Brésil est en finale contre la France. Il avoue quelques jours avant le sommet qu'il aurait aimé jouer le 13 juillet. L'histoire a rendez-vous le 12... Les *Auriverde* perdent. Lorsque sa carrière de sélectionneur prend fin, il comptabilise, en tant que sélectionneur puis adjoint et avec les matches nuls... 13 victoires en Coupe du monde !

Marié un 13 janvier, Zagallo, qui vivait dans son appartement au 13ᵉ étage et avait fait apposer le nombre 13 sur la plaque d'immatriculation de sa voiture, est décédé le 5 janvier 2024, à l'âge de 92 ans. La petite histoire ne dit pas si quelqu'un a glissé dans son cercueil un maillot frappé du numéro 13. On peut toujours y croire.

Loin des rebonds du ballon rond, dans le peloton international, hériter du dossard 13 dégonfle souvent le mental. Alors pour conjurer ce mauvais sort, aussi piquant que la pointe d'un clou dans un boyau, chacun a son astuce. Le cycliste suisse Fabian Cancellara y était sensible comme d'autres. Au départ du Tour de France 2010 à Rotterdam, Cancellara, cité parmi les candidats au podium final – aux côtés des purs produits du cyclisme moderne, l'Espagnol Contador et l'Américain Armstrong –, se voit attribuer le 13. Le coureur de l'équipe Saxo Bank, dirigée par le sulfureux Danois Bjarne Riis, roule pour son leader, le Luxembourgeois Andy Schleck. Au départ du prologue, un contre-la-montre dans la cité néerlandaise, le Suisse choisit de mettre son dossard 13... à l'envers, comme le font certains de ses collègues dans des courses, une pratique sur laquelle les organisateurs ne se montrent pas tatillons. Cancellara réalise le meilleur chrono et prend le maillot jaune. Avec son 13 à l'envers, le coureur helvétique poursuit son numéro de leader dans ce début de Tour. Il porte la tunique jaune et son bonheur pendant six étapes des sept premiers jours.

Alors, numéro de la chance ou pas, ce 13 ? Chacun s'en arrange. Le jeune prodige belge Remco Evenepoel a remporté à 23 ans son premier championnat de Belgique le 13 août 2023 avec ce dossard 13. Le « petit cannibale », surnommé ainsi en référence à son glorieux aîné, Eddy Merckx, a le talent de l'insouciance.

Frans Maassen, le directeur sportif des Jumbo Visma, a un autre point de vue sur ce numéro. Comme le racontait *Ouest-France*, il avait choisi d'enlever le dossard 13 attribué au Tour de France 2020 à son coureur néerlandais Tom Dumoulin pour lui refiler le 14. Officiellement, c'était un cadeau fait à Dumoulin, champion batave et grand admirateur du footballeur hollandais Johan Cruyff qui porta longtemps le maillot numéro 14 en sélection des Pays-Bas et à l'Ajax Amsterdam. Il y a une autre version. Aux Pays-Bas, le numéro 13 est vraiment poissard, et Tom Dumoulin, 30 ans, nouveau venu chez Jumbo Visma, avait vécu une sombre année 2019 avec la team allemande Sunweb (abandons, maladie, etc.). Maassen voulait le mettre en confiance, alors adieu le 13... Dumoulin bouclera le Tour à la 7ᵉ place sans faire son numéro.

→ Pour mettre en confiance son coureur Tom Dumoulin, le directeur sportif des Jumbo Visma lui attribua le dossard 14, au lieu du dossard 13 dont le Néerlandais aurait dû hériter.

QUIZ!?

LA PHOBIE DU CHIFFRE 13 SE NOMME...

1. La paraskevidékatriaphobie.
2. L'hexakosioihexekontahexaphobie.
3. La chionoshérophobie.
4. La congiariophobie.
5. L'hippopotomonstrosesquippedaliophobie.
6. La triskaïdékaphobie.

QUELLE CÉLÈBRE VOIX DU FOOTBALL FRANÇAIS A PRONONCÉ CETTE PHRASE ?

« Un match de foot se joue avec trois arbitres, il y a donc trois fois plus de chances qu'il y ait des erreurs d'arbitrage. »

1. Bernard Tapie.
2. Jean-Michel Aulas.
3. Guy Roux.
4. Rolland Courbis.

Voir les réponses en p. 169.

ASCARI,
CASQUE BLEU

Alberto Ascari, champion du monde de Formule 1 en 1952 et 1953, n'a jamais caché être un grand superstitieux. Le pilote milanais prenait soin de toujours monter dans sa monoplace Ferrari du même côté et portait à chaque course son casque bleu porte-bonheur. Le 26 mai 1955, Alberto fut victime d'une sortie de route mortelle, à 36 ans – au même âge que son père tué en course à Montlhéry, également un 26 mai (1925) – alors qu'il essayait la Ferrari 750 Sport de son nouvel équipier, Eugenio Castellotti, sur la piste de Monza. Ce jour-là, Ascari, faute d'avoir son casque bleu, avait enfilé celui de Castellotti. Le palmarès d'Ascari, qui était né un 13 du mois de juillet, s'est arrêté à 13 victoires en Grand Prix.

LE PALMARÈS D'ASCARI, QUI ÉTAIT NÉ UN 13 DU MOIS DE JUILLET, S'EST ARRÊTÉ À 13 VICTOIRES EN GRAND PRIX.

↑ Le pilote automobile Alberto Ascari après sa victoire du Grand Prix d'Allemagne en 1952.

36

Alidu Seidu, joueur ghanéen du Stade Rennais, porte le numéro 36 sur son maillot. « Quand je suis arrivé en France, j'ai vécu une première saison à Troyes et ça s'est mal passé », raconte le défenseur qui a joué dans le club de l'Aube en Ligue 2 puis à Clermont en Ligue 1 avant d'aller en Bretagne. Seidu enchaîne les blessures. Galère. « Je me suis fait opérer du genou, et le bloc opératoire portait le numéro 36. » Là, tout a changé. L'opération a mis fin à ses soucis et laissé son talent s'épanouir. Depuis, pas question de perdre de vue son 36 fétiche.

41

Louison Bobet avait l'obsession du numéro 41 et s'ingéniait avant chaque course pour récupérer – ou pas – le précieux dossard. Pourquoi le 41 ? Le champion cycliste natif de Saint-Méen-le-Grand (Ille-et-Vilaine) avait décroché sa première victoire en 1941, pas encore licencié dans un club. En 1944, il est incorporé dans l'armée à Rennes, dans le 41e régiment d'infanterie. Quand sa carrière professionnelle s'emballe, Bobet s'installe en région parisienne, à Fontenay-le-Fleury, non loin du vélodrome de la Cipale (rebaptisé aujourd'hui Jacques-Anquetil). Il habite rue Roublot. Je vous le donne en mille : au 41...

46

L'Italien Valentino Rossi a mis un terme à sa carrière motocycliste en 2021. Il avait 42 ans et neuf titres de champion du monde au compteur. Il était temps de couper les gaz et de se lancer dans une aventure automobile. Le pilote transalpin est parti à la retraite avec son légendaire numéro 46. *Il Dottore*, comme on le surnomme, aura couru 340 épreuves de moto GP avec ce chiffre légendaire. Valentino l'avait choisi en hommage à son père, Graziano Rossi, lui aussi pilote sur 250 et 500 cm³ qui affichait déjà le 46 sur son bolide.

30

Joe Louis, champion du monde des lourds, sacrifiait au même rituel avant chaque combat. Le « bombardier noir », légende de la boxe des années 1940, enfilait toujours son gant gauche en premier, puis le droit qu'il embrassait. La réussite se niche dans le détail, mais pas que... Quand il combattait au Madison Square Garden à New York, il réclamait toujours la même chambre dans son hôtel. Celle qui portait le numéro 30.

29

Le boxeur Sugar Ray Robinson avait plusieurs manies. Il adorait les pommes, il en voulait toujours sous la main dans le vestiaire, et il n'oubliait jamais de dire une prière avant les repas et avant le match. Son numéro préféré était le 29, et chaque fois qu'il se rendait au Madison Square Garden, il insistait pour que le vestiaire n° 29, proche d'une sortie vers la 29e Rue, lui soit réservé.

8

Né un 8 août (le 8e mois de l'année) 1981, Roger Federer a fait de ce chiffre un porte-bonheur sur les courts de tennis jusqu'à sa retraite sportive en 2023. Superstitieux ? Le recordman des victoires à Wimbledon (8) posait toujours sur sa chaise de court, près de lui, huit bouteilles d'eau et huit raquettes et bandeaux. Les plus observateurs le voyaient servir huit fois à l'échauffement et s'essuyer le visage huit fois avec sa serviette avant le début d'une nouvelle manche. Réglé comme un coucou helvétique.

14

À 42 ans, Fernando Alonso a entamé la saison 2024 avec l'écurie Aston Martin qu'il a rejointe en 2023. Le double champion du monde de Formule 1 a fait poser le numéro 14 sur sa monoplace, le chiffre qui le suit depuis l'âge de... 14 ans. Le pilote espagnol, sacré champion du monde de karting le... 14 juillet 1999, sur un petit bolide portant le numéro 14, a de la suite dans les idées. « À partir de ce moment, j'ai su que le 14 était mon numéro. » Depuis 2001 et son arrivée en F1, personne ne lui a contesté son porte-bonheur. Et quand il s'est absenté des circuits en 2019 et 2020, il a sans problème retrouvé son numéro dès son retour en 2021.

3

Larry Walker, redoutable frappeur batte en main avec les Colorado Rockies, Montreal Expos ou les Cardinals de Saint-Louis, s'était entiché du chiffre 3. Celui qu'on surnommait affectueusement *Booger* (« crotte de nez ») a porté toute sa carrière le numéro 33. Quand il a pris sa retraite en 2005, Colorado a « retiré » le maillot et le numéro. Mais l'obsession et la superstition de Larry Walker ne s'arrêtaient pas au terrain. On apprend ainsi qu'il se réveillait toujours 33 minutes après l'heure, s'est marié le 3 novembre à 3 h 33 de l'après-midi et avait une fois négocié un contrat d'un an pour 3 333 333,33 dollars. Pour finir, Walker, qui a aussi invité 33 enfants défavorisés à assister à un match dans la section 333 des gradins du Coors Field de Denver, a sans doute apprécié d'être le 333e joueur de l'histoire admis au Hall of Fame du baseball. 3, 33, 333, c'est grave, docteur ?

8+1

Quand il arrive à l'Inter Milan en 1996, transféré du Real Madrid, le Chilien Ivan Zamorano est un buteur tout 9 ! La saison suivante, le Brésilien Ronaldo, le *fenomeno* de la Seleçao et de Barcelone, rejoint le club lombard à son tour. Ronaldo, grand seigneur, opte pour le 10 et Zamorano conserve son numéro fétiche. Las, en juillet 1998, Roberto Baggio débarque aussi à l'Inter et s'empare du numéro 10. Bing ! Ronaldo demande à récupérer son numéro 9 et Zamorano n'a plus rien du tout. Sandro Mazzola, légende du club et directeur sportif, lui propose alors de choisir un numéro à deux chiffres qui, additionnés, feront 9. Zamorano aurait pu opter pour le 45, le 63 ou le 72, mais il portera le 18, et insistera pour que sur le maillot soit écrit 1+8. La Ligue italienne accepte, Zamorano, heureux, reste un buteur efficace. Un vrai numéro 9.

BINGO!

ET CRUYFF CHOISIT LE 14

Jeune, le meneur de jeu de l'Ajax Amsterdam enfila par hasard un maillot floqué du numéro 14 un soir d'automne 1970. Il en fit son numéro fétiche, une légende.

Ce 30 octobre 1970, les dirigeants de l'Ajax Amsterdam ont vu grand. Plus grand. Le champion des Pays-Bas, 6e de l'Eredivisie, reçoit le PSV Eindhoven, 5e. Le *Topper*, choc entre les deux cracks bataves, est toujours un sommet de la saison, et le petit De Meer Stadion de l'Ajax n'a que 20 000 places à offrir pour contenir la passion. L'équipe entraînée par Rinus Michels, l'homme du « football total », a migré vers le stade olympique, ses vastes tribunes, ses 55 000 spectateurs, son repaire des grands soirs de son aventure naissante en Coupe d'Europe.

La rivalité du *Topper* est au moins aussi forte que le *Klassieker*, cette fois face au Feyenoord Rotterdam, champion d'Europe en titre et déjà en tête du championnat. L'Ajax, couronné champion au printemps, a perdu son élan à l'entrée de l'automne dans les joutes nationales. Neuf journées de l'Eredivisie ont ralenti l'équipe. Mais ce soir, Johan Cruyff, 23 ans, guide suprême du jeu, est de retour, et contre le PSV. Blessé lors de la 5e journée dans le derby contre le DWS Amsterdam, il a manqué quatre matchs, l'Ajax n'a pas gagné les trois derniers.

Dans le vestiaire, les malles aux maillots sont ouvertes. Chacun y pioche sa tunique rouge et blanche. Cruyff cherche son numéro 9. Il est déjà dans les mains de Gerrie Mühren. Son coéquipier, milieu offensif, l'a récupéré pendant l'absence du Maître, dépositaire du numéro. Depuis 1964 et ses débuts dans l'élite, Cruyff a déjà porté le 8 ou le 10, puis désormais le 9. Le « Hollandais volant », ainsi que l'a surnommé la presse, ne s'en formalise pas, se penche et retire un maillot floqué du numéro 14, celui attribué logiquement à un remplaçant. Michels et l'intendant sont sourcilleux, Cruyff insiste. Il portera le 14, comme une provocation, un pied de nez à l'ordre établi. Il est déjà plus qu'un joueur. Le speaker peut égrener les noms des titulaires des deux équipes avant leur entrée sur le terrain, personne ne prête attention à cette anomalie numérologique.

Une heure et demie plus tard, Cruyff, numéro 14, a régalé les supporters. Mühren, numéro 9, a inscrit le seul but du match. Les deux ont tout gagné. Interrogé, Cruyff s'amuse de sa trouvaille. Les Néerlandais prennent le chemin de la Suisse quatre jours plus tard pour le match retour des huitièmes de finale de la Coupe d'Europe des champions. À l'aller, sans Cruyff, l'Ajax a lessivé l'équipe helvétique : 3-0. Au St. Jakob-Park, le grand Johan est sur la pelouse et a tenu à enfiler de nouveau le numéro 14. Rassuré par sa rentrée efficace contre le PSV, le meneur de jeu assure cette fois les deux passes décisives du succès batave qui rince les maigres espoirs suisses (2-1). Gerrie Mühren a conservé son 9.

Au mondial 1974, il hérite du 1, mais...

Johan Cruyff déroule son règne européen : trois titres de champion d'Europe d'affilée avec l'Ajax (1971, 1972 et 1973). Les numéros gagnants du football ont partagé leur notoriété avec les stars du jeu. Le 10 a sacré Pelé puis Platini, Zico, Maradona, Zidane ou Messi, pour les plus marquants. Le 9 et le 7 ont magnifié les exploits de Best et Müller, puis Beckham, Cantona, Ronaldo, Cristiano Ronaldo et Benzema. Cruyff a inventé le 14. Son œuvre. Unique.

Le Hollandais, managé par son beau-père Cor Coster, premier agent de joueurs officiel aux Pays-Bas (il gérait aussi la carrière de nombreux internationaux), a du caractère. Coster, lui, a du flair. Le premier impose ses vues sur le jeu, le second dicte ses contrats. Cruyff a quitté l'Ajax pour Barcelone et un juteux contrat durant l'été 1973. Il y retrouve Michels déjà parti entraîner l'équipe catalane.

À l'attaque de la Coupe du monde 1974 en Allemagne, la sélection batave, qualifiée pour la première fois depuis 1938 et dirigée par... Rinus Michels, fait figure de favori avec le pays hôte. La KNVB (la fédération néerlandaise) a décidé d'attribuer les numéros de ses 22 joueurs sélectionnés pour le Mondial par ordre alphabétique. Un choix qui donnerait le numéro 1 à Cruyff ou le 8 à Jan Jongbloed, le gardien titulaire. Cruyff est formel : il portera son 14. Ce n'est pas négociable. Son beau-père a déjà obtenu avec la KNVB le fait que le joueur, sous contrat avec la marque Puma, porte un maillot orange avec seulement... deux bandes et non les trois d'Adidas, l'équipementier officiel des Oranje, reprochant aux dirigeants que le deal avec la marque aux trois bandes ne prévoyait aucune prime versée aux joueurs. On ne refuse rien au clan Cruyff qui a aussi négocié les primes.

Comme une évidence, le 14 néerlandais conduit sa sélection en finale, une première, contre l'Allemagne après cinq victoires et un nul. Une minute après le coup d'envoi donné sur la pelouse du stade olympique de Munich, il oblige Uli Hoeness à le faucher à l'entrée de la surface. Pénalty. 1-0 pour les Pays-Bas. Puis la machine se grippe.

Au terme de cette finale d'une après-midi de juillet, les Pays-Bas s'inclinent (1-2). À 27 ans, Johan Cruyff ne gagnera pas sa première Coupe du monde et n'en jouera plus aucune autre. Cruyff, désigné meilleur joueur de la compétition, est pourtant au zénith. Il lui reste une décennie à traverser pour ravir ses supporters mais ni l'Europe ni le monde ne lui offrira la reconnaissance ultime. À Barcelone, le « Hollandais volant » ne s'attache plus fermement à son numéro 14. On le voit avec le 9 ou le 7. En 1978, il renonce à jouer la phase finale du Mundial en Argentine après avoir été menacé d'enlèvement quelques mois plus tôt. La suite raconte un exil doré dans les clubs d'un championnat américain balbutiant puis un retour à l'Ajax. Enfin, à 34 ans, sa carrière se termine par un dernier titre de champion des Pays-Bas avec le Feyenoord Rotterdam au printemps 1984. Il porte le 9. La carrière à succès de Cruyff entraîneur peut démarrer. Celle du chiffre 14 porte-bonheur a-t-elle définitivement pris fin ? Les admirateurs se chargent d'entretenir le mythe.

L'Ajax a retiré le 14

Avec le double Ballon d'Or sur le banc de l'Ajax – sa première expérience d'entraîneur –, Amsterdam regagne une Coupe d'Europe en 1985, celle des vainqueurs de coupe. Ce n'était plus arrivé depuis... quatorze ans, notent les fans néerlandais. En 1996, toujours à Barcelone, il met fin à son parcours de coach mais ce n'est qu'en 2007 que l'Ajax lui rend enfin l'hommage éternel. Cruyff a 60 ans. John Jaakke, le président du club, annonce retirer définitivement le numéro 14 des maillots portés à l'Ajax. Cruyff, dont les rapports n'ont pas toujours été harmonieux avec l'équipe de ses débuts, s'en amuse. « Ce n'est pas vraiment un hommage, n'est-ce pas ? commente-t-il, ironique. Cela en aurait été un si vous aviez décidé de toujours donner le numéro 14 au meilleur joueur. »

Le 24 mars 2016, jour de son décès à 68 ans, les autorités boursières d'Amsterdam ont repéré de surprenants mouvements autour du cours de l'Ajax Amsterdam, coté en Bourse. Quelques heures après l'annonce du décès de Cruyff, des dizaines d'ordres ont été passés sur le titre de l'Ajax. Un pic très inhabituel. Chaque ordre était passé sur... 14 actions. Comme une évidence.

LE GRAND HUIT

Le nombre 8 est un chiffre porte-bonheur en Chine. Les premiers Jeux olympiques jamais organisés dans l'Empire du Milieu se sont déroulés à Pékin. C'était en 2008. La cérémonie d'ouverture eut lieu le 8 août, le 8e mois de l'année, et débuta à 8 h 08, 20 h 08, précises.

← Johan Cruyff en 2006, lors d'une vente de charité d'un de ses fameux maillots porteur du numéro 14.

« Ce qui permet de passer du négatif au positif »

Denis Troch

Denis Troch, ancien joueur au Red Star puis entraîneur passé par le Paris Saint-Germain, Laval, Le Havre ou Amiens, est coach mental depuis 2009 et a fondé le groupe H-Cort Performance l'année suivante. Dans ce domaine de l'optimisation des potentiels, il accompagne des sportifs de haut niveau et des clubs de Ligue 1 et Ligue 2, des équipes de rugby du Top 14 et des équipes cyclistes.

Dans votre carrière, vous avez côtoyé ces phénomènes de superstition ou croyances qui accompagnent les athlètes. Le geste superstitieux, c'est une bonne ou une mauvaise chose ?

Tant que la superstition ou les croyances ne vont pas à l'encontre de quoi que ce soit, il n'y a aucun problème. À partir du moment où ça peut déranger un groupe, une institution, un club ou une action, ça n'a plus lieu d'être. La bonne superstition, ce sont des croyances superficielles qui te permettent à un certain moment de t'en sortir, de switcher d'une émotion à une autre. Imaginons que je suis un joueur de tennis et que je suis au fond du trou, mené 0-5. Là, je vais m'accrocher à un truc pour me reprendre. Je ne sais pas, une grimace, une blessure simulée, un objet. Ça a marché une fois, et là ça remarche ? Je suis dans une nouvelle dynamique. Je passe d'un état émotionnel à un autre. Du négatif au positif. Mais ce sont des superstitions éphémères.

« MAINTENANT VOUS ENTREREZ PARMI LES PREMIERS SUR LE TERRAIN ET SI VOUS FAITES UN MAUVAIS MATCH, VOUS DIREZ QUE C'EST MA FAUTE. »

Dans un sport collectif, ce qui relève de l'intime n'est pas toujours facile à exprimer, à partager. Qui va oser révéler ce dont il a besoin ?

J'ai vécu un exemple de ce type dans un vestiaire à mes débuts, quand les matchs de Ligue 2 devaient impérativement commencer à 20 heures pour la télévision. Pendant une rencontre de début de saison, je m'aperçois qu'il n'y a que huit joueurs présents pour entrer sur la pelouse derrière les arbitres. Un dirigeant me dit que des gars sont encore au vestiaire. J'y vais et, là, je vois un mec qui est en train de revisser un crampon, j'en entends un autre tirer la chasse d'eau des toilettes, et le troisième se recoiffe et se passe du gel dans les cheveux. Je pousse une gueulante, ce n'est pas pro. Leur problématique, c'était un rituel lié à la superstition, celui d'être le tout dernier à poser le pied sur la pelouse. Les trois avaient la même problématique. Le surlendemain du match, je les ai convoqués pour en parler. Je leur ai dit : « Voilà, maintenant vous entrerez parmi les premiers sur le terrain et si vous faites un mauvais match, vous direz que c'est ma faute, parce que je vous ai obligés. » D'un coup, je leur retirais la pression qu'ils se mettaient en pensant qu'il fallait entrer le dernier pour être bon. Il n'y a plus eu de problème.

Le sportif de très haut niveau porte l'image de la puissance, de l'exigence, de la volonté, de la réussite, et cette dépendance à une croyance, à une superstition apparaît comme une faiblesse surprenante. D'où vient cette fragilité ?

Quand tu repousses tes limites le plus haut possible, et que tu es le seul à pouvoir atteindre quelque chose, que tu sois joueur de Ligue 1 ou du Top 14, international, champion de tennis, de voile, etc., personne dans ton entourage n'est allé où tu accèdes, donc personne ne peut t'aider. Ce qui peut te permettre de tenir là-haut, c'est de t'inventer tes repères. Personne ne peut t'en donner sauf les croyances, des choses qui te projettent vers l'avant, qui te confortent. Je vais citer l'exemple de Sandy Casar, [cycliste professionnel de La Française des jeux de 2000 à 2013] que j'ai accompagné aussi. Chaque fois que son mécano lui avait réglé au millimètre, à la perfection, son vélo avant la course ou l'entraînement, je voyais Sandy, quand il le récupérait, défaire systématiquement sa roue avant, et la remettre, et la resserrer. J'ai questionné son mécano, pensant qu'il pouvait s'agir d'un manque de confiance en lui. Il m'a répondu que les deux s'adoraient mais Sandy avait besoin de ce rituel. Rien de grave.

Les huit bouteilles alignées de Federer, le polo rouge de Woods, le slip fétiche ou le numéro porte-bonheur, faut-il apprendre au sportif à dépasser ces rituels ?

Non, bien sûr. C'est un ancrage profond qui les rassure. Ce n'est plus une routine, c'est une obligation. Ce sont des tics et plus souvent des TOC [troubles obsessionnels compulsifs] qui vont amener à répéter les choses. Une fois qu'on est entré là-dedans, on se persuade que c'est ce qui va nous faire gagner et, surtout, que si on ne le fait pas, c'est ce qui va nous faire perdre.

Il vous est arrivé que des joueurs viennent vous parler croyance ou superstition ?

Ah ! oui, souvent. Ça vient très vite, à partir du moment où ils sont en confiance et entendent que la préparation mentale, ce n'est ni plus ni moins que de sortir les interférences négatives qui pourraient les empêcher de réussir un exploit ou une performance. Les croyances, le stress, la pression, font partie de ces situations qui pourraient être négatives, donc ils en parlent. Le sportif de haut niveau est égocentré, c'est à lui d'aller chercher en soi les ressources nécessaires. Te rappeler ce qui ressemble à quelque chose que tu as déjà vécu te rassure. Exemple : Je me suis couché à 2 heures du matin, et le lendemain j'étais sur les nerfs et c'était top. Eh bien tu répètes. Ton cerveau, tu vas l'orienter vers ce qui t'a apporté une victoire.

Ça vous est arrivé d'user de ce type de ressort mental pour faire avancer votre équipe ?

Bien entendu. J'ai entraîné Amiens en National [de 2000 à 2004]. Au bout de ma première saison, on monte en Ligue 2, on dispute les quarts de finale de la Coupe de la Ligue et on se qualifie pour la finale de la Coupe de France contre Strasbourg [défaite aux tirs au but 4-5 à l'issue de la prolongation, 0-0, le 26 mai 2001]. Quand on se qualifie pour la finale, quelques jours après, je dis aux joueurs que l'on va d'abord assister au Stade de France à celle de la Coupe de la Ligue [le 5 mai 2001, Lyon-Monaco : 2-1 a.p.]. Je voulais qu'ils découvrent le stade, l'ambiance, les tribunes, l'environnement, le bruit, je souhaitais qu'ils prennent des repères. Puis dans la semaine avant notre finale, tous les midis on a déjeuné ensemble, et avant de se mettre à table on passait *La Marseillaise*. Ensuite, j'ai organisé un déplacement officiel avec le bus et les motards en escorte devant pour aller s'entraîner à Paris. Je voulais qu'ils connaissent cette configuration, ça permettait d'éviter à chacun de bouffer de l'énergie dans des conneries en imaginant je ne sais quoi. C'est ça aussi qui amène les gars à se réfugier dans leurs rituels ou croyances : quand ils ne savent pas ce qui les attend. Il y a des milliers de situations, celui qui va vouloir aller déposer de l'urine ou du sel aux quatre coins du terrain ou verser de l'eau bénite dans le but et plein d'autres trucs encore. Ça a existé. Là, mes joueurs sont arrivés en terrain connu, j'avais zappé l'appréhension. Le reste, c'est juste du jeu et du foot.

Essaye-t-on de sortir l'athlète de cette dépendance à la croyance ? Est-ce le rôle du coach ?

Non. Moi, je ne suis pas psychologue. Mais on doit veiller à protéger le groupe. Je me souviens qu'Alain Roche au PSG après l'échauffement d'avant match ressentait toujours le besoin de parler d'un petit bobo. Une petite pointe, une contracture. C'était une façon de laisser parler un stress peut-être. Alors là, j'intervenais pour l'isoler, que ça ne vienne pas interférer avec la préparation du groupe. Une autre fois, à Madrid, je suis sorti le premier vers le terrain, et là devant moi, j'aperçois un mur humain, la tribune en face remplie de supporters. Impressionnant, ça fait un choc. En une seconde, je me suis dit que si ça me faisait cet effet ça pouvait aussi influencer les joueurs négativement. Alors, au moment où les joueurs s'avançaient, j'ai volontairement laissé échapper le filet à ballons. Il s'est ouvert et ils ont rebondi sur les marches. Tous les joueurs les ont regardés tomber, ça les a distraits. Une diversion de quelques secondes qui a peut-être évité le risque d'être envahi par l'émotion. Le geste par superstition, le rituel, le porte-bonheur, c'est ce qui vous permet de passer du négatif au positif. Après, le plus dur, c'est de ne pas en être dépendant. C'est de devenir autonome. Mais ça...

LE VESTIAIRE

Le lieu est sacré. Un sanctuaire, selon certains entraîneurs qui en filtrent rigoureusement l'entrée. Le vestiaire est un sas entre le monde réel et le terrain, le ring, la piste. On y entre citoyen en costume, on en sort compétiteur en short (ou en survêtement). Entre ses quatre murs, sur son sol carrelé se jouent les derniers rituels de préparation : les embrocations, les baumes, les massages, les bandes des boxeurs, les protections des hockeyeurs. C'est aussi la scène des dernières consignes, des cris et des chuchotements qui donnent du courage et soudent une équipe. Un havre protecteur où, contrairement au combat qui va suivre et à l'incertitude de l'affrontement, tout peut être planifié et réalisé « comme la dernière fois ». Comme celle d'avant... et comme la prochaine. Le vestiaire est l'endroit de la routine par excellence. Un temple de la superstition.

ZIDANE, BLANC/BARTHEZ ET MILES

Quand la superstition fait sa pub

Au cours de l'année 2000, « Zizou » est le héros d'un film publicitaire pour une eau minérale. Elle est banale et largement partagée par des milliers de sportifs mais ce rituel est frappé du sceau de la victoire, deux ans après les deux buts de Zizou en finale de la Coupe du monde et le sacre tricolore. La pub entre instantanément au rang des spots iconiques du XXIe siècle. En dehors de cette apparition qui lui rapportera plusieurs centaines de milliers d'euros, l'ancien capitaine de l'équipe de France n'a jamais officiellement communiqué sur sa ou ses superstitions. Cependant, en avril 2018, alors qu'il est entraîneur du Real Madrid, il obtiendra auprès de l'UEFA l'autorisation de disputer un quart de finale de Ligue des champions face au Bayern de Munich avec le maillot noir. Traditionnellement vêtus de blanc, les Merengues s'étaient imposés l'année précédente avec leur tenue sombre. La direction madrilène a même poussé le mimétisme jusqu'à voyager dans le même avion, avec le même équipage et loger dans le même hôtel bavarois.

À boire et à manger

La publicité et la superstition, ce sont comme deux croyances qui s'additionnent. En tout cas deux manières de communiquer des messages positifs. La première pour faire vendre, la seconde pour rassurer. Les champions proposent un récit qui fascine et inspire depuis longtemps les agences de communication. Le baiser de Laurent Blanc sur le crâne de Fabien Barthez a lui aussi servi de support à une publicité (pour une chaîne de fast-food). Ce geste de tendresse masculine a symbolisé la formidable cohésion de l'équipe de France pendant le Mondial victorieux de 1998, générateur de liesse et d'un pic de consommation ! Même si son origine n'est pas réellement une superstition, il est devenu, par sa répétition et le succès final, un marqueur de réussite.
Aux États-Unis aussi, un rituel a fait le bonheur d'une marque de bière. Les Miles, un coach de football universitaire, a plusieurs fois été surpris par les caméras en train de déguster un brin de gazon qu'il arrachait lui-même du terrain de jeu au cours de la rencontre (voir p. 63). La séquence amusait fort les commentateurs qui s'interrogèrent sur le sens à donner à cette pratique herbivore inédite. Réponse du ruminant : « C'est une tradition qui me fait ressentir que je fais partie du terrain, que je suis dans le jeu. » Cette particularité permit à l'ancien entraîneur des Fighting Tigers de Louisiane de faire la promotion de la bière Dos Equis dans un spot télévisé où il tient le rôle d'un expert en gazon qui arrose sa pelouse... à la bière. Un job alimentaire.

« D'ABORD LA JAMBE GAUCHE. TOUJOURS. CHAUSSETTE, CHAUSSURE. PUIS LA JAMBE DROITE. »

Zinédine Zidane

LEBRON JAMES

Les mains du Roi

Connues, commentées, imitées, les routines et les superstitions de ce géant des parquets ne peuvent être que spectaculaires. LeBron James n'a pas beaucoup d'équivalents dans la galaxie des étoiles du sport. Il boxe dans la catégorie des GOAT (*greatest of all times*) inaugurée par Mohamed Ali, perpétuée par Michael Jordan, Pelé ou Maradona. C'est un club très fermé dont les adhérents présentent un copieux palmarès, un talent hors norme, et ont laissé une empreinte profonde dans leur époque. « King James » a clairement la carte de membre. Un client premium, même, tant il pèse depuis plus de vingt ans sur le business du sport et du loisir (il est aussi producteur et participe à ce titre au grand récit hollywoodien). Les statistiques, tant prisées des Américains, l'ont consacré meilleur marqueur de l'histoire de la NBA dont il a remporté à quatre reprises le championnat avec trois équipes différentes, exploit inédit.

Les manies et les superstitions du « Roi » des parquets sont à l'avenant, sensationnelles. Et contrairement à certains sportifs qui préfèrent les garder secrètes (ou très discrètes), LeBron James les met en scène et les partage.

L'une d'entre elles se déroule dans l'intimité toute relative du vestiaire. Relative car, aux États-Unis, les caméras des diffuseurs ont souvent accès à cette pièce. Avant chaque rencontre, James tape dans les mains de ses partenaires mais d'une manière personnalisée pour chacun d'entre eux. Des *high five* qui sont de brèves chorégraphies, des duos joyeux et stimulants à base de tapes sur la tête, de mouvements d'épaule ou de bras, un doigt qui fait une moustache ou un déhanché dans le plus pur style des danses urbaines, bref une *street creativity* qui prend très bien la lumière.

Le *chalk toss* de l'Élu

Au début de sa carrière et pendant plus de dix ans, James a porté un bandeau autour du front dont la mise en place minutieuse faisait partie de ses rituels de vestiaire. Et puis un soir de match, en 2015, plus de bandeau. Le joueur qui est alors de retour dans la franchise de ses débuts, les Cleveland Cavaliers, explique simplement qu'il a abandonné cette habitude « pour être comme ses partenaires et retrouver une unité d'équipe ».

Dans sa préparation devenue iconique, détaillée dans un article du *New York Times* de février 2012, LeBron James divise son jour de match en deux temps distincts : « la routine » et « les rituels ». La première inclut toute la préparation à la performance : les étirements, la nourriture, la sieste, les tirs d'échauffement. Pour la seconde, il s'agit d'une forme de superstition mais aussi de motivation et de leadership. La cérémonie des checks en fait partie. Mais la plus célèbre, devenue une marque de fabrique, est le *chalk toss*, le lancer de craie.

La craie, c'est du talc, une poudre appliquée sur les mains qui les assèche et donne une meilleure prise sur le ballon. (Michael Jordan s'en servait aussi comme d'un porte-bonheur mais moins ostentatoire.) Toute la salle attend ce moment à quelques secondes du coup d'envoi. James se présente devant la table de marque, saisit le contenant, se saupoudre copieusement les mains et d'un geste christique expédie un nuage blanc au-dessus de sa tête sous les cris du public en folie. Pendant ses quatre saisons passées à Miami, James avait pratiquement abandonné ce rituel. Mais dès son retour à Cleveland, il l'a remis au goût du jour sous la pression des fans. « L'Élu » (autre surnom de James) affirme que ce dispositif décuple sa concentration en marquant le début réel du match et sa communion avec le public. « Cela me met en condition et me permet de faire ce que je fais le mieux : aller sur le terrain et jouer au basket à un haut niveau. » Le show à l'américaine. Mais ça ne plaît pas toujours. Le *New York Times* raconte qu'un arbitre, en 2008, était tellement énervé par les manières de James qu'il a infligé trois fautes techniques aux joueurs des Cavaliers dans les toutes premières minutes du jeu. L'histoire ne dit pas si la superstition du Roi lui a fait perdre le match.

JOHN HENDERSON

La grande baffe

Lorsque l'on mesure plus de deux mètres et que l'on pèse 152 kg, il existe assez peu de situations où l'on se fait gifler. John Henderson a pourtant subi ce traitement plusieurs fois par semaine pendant dix ans. « Big Hen » est une montagne de muscles et de gras dont le métier est de détruire des gens – enfin, des adversaires, sur un terrain de football américain. Au début des années 2000, il a occupé le poste de plaqueur défensif chez les Jaguars de Jacksonville. S'il a connu un certain succès sur les terrains de NHL et dans le football universitaire, sa renommée tient aussi à son rituel d'avant match, filmé dans les vestiaires et devenu un classique d'Internet. Sur plusieurs vidéos, on y voit le géant réclamer (et obtenir) de l'entraîneur assistant une monumentale paire de claques ! L'aller-retour provoque une bouffée d'euphorie teintée d'agressivité qui lance le colosse vers la pelouse en hurlant. Forcément, dans un sport aussi engagé et violent que le foot US, cette pratique tient autant de la mise en condition que de la superstition. Mais Henderson affirme qu'il préfère prendre le premier coup d'un membre de son équipe plutôt que d'un adversaire, une pratique qui ne figure pas dans les ouvrages de préparation physique. Tant mieux.

↑ Vainqueur de la Coupe du monde de football en 1966, Bobby Moore, ici trophée en main, ne rentrait sur le terrain qu'après avoir été le dernier joueur de l'équipe à enfiler son short. À gauche, ce farceur de Martin Peters.

BOBBY MOORE

À jamais le dernier

Il est considéré comme l'un des plus grands défenseurs centraux de l'histoire du football. Bobby Moore était le capitaine de l'équipe d'Angleterre championne du monde en 1966. Porté en triomphe sur les épaules de ses coéquipiers, trophée Jules-Rimet entre les mains, il a ce jour-là touché le cœur des Britanniques en essuyant ses mains pleines de boues sur son maillot avant de serrer la main de la reine Elizabeth II. Un seigneur modeste et respectueux qui deviendra le premier footballeur désigné « sportif de l'année » par la BBC. Fidèle presque toute sa carrière au club londonien de West Ham, Moore était aussi très attaché à son rituel de vestiaire. Au cours de sa carrière et de ses 108 sélections avec l'Angleterre, Moore a toujours pris soin d'attendre que tous ses équipiers aient enfilé leur short pour faire de même. La pratique était bien connue de ses partenaires et l'un d'entre eux, facétieux, trouvait là matière à une bonne blague : Martin Peters, milieu de terrain de West Ham et champion du monde 1966 lui aussi, attendait que Moore eût enfilé son short pour enlever le sien ! Ni une, ni deux, Moore se déshabillait de nouveau et attendait patiemment que son partenaire l'autorise enfin à appliquer sa superstition. Il arrivait, raconte Peters dans sa biographie, que les deux hommes se toisent plusieurs minutes avant d'entrer sur la pelouse. Mais Peters cédait le premier face à son aîné de deux ans et capitaine. En Angleterre, l'étiquette a son importance, même dans les shorts.

DAVID JAMES

Crache test

Le gardien de but, c'est le dernier rempart. Le sort d'un match repose sur la fermeté de ses mains et la qualité de ses réflexes. Et sur une certaine dose de chance aussi.

Ce n'est donc pas très étonnant que cette confrérie soit l'une des plus superstitieuses du vestiaire. L'Anglais David James le reconnaît bien volontiers : « Mes routines obsessionnelles étaient si complexes que j'aurais pu en faire un livre. » Lorsqu'il signe à Liverpool à l'été 1992, James débarque dans un club déjà réputé pour abriter quelques superstitieux notoires. Mais l'international anglais aux 53 sélections pour les Three Lions va se distinguer dans ce domaine comme dans ses cages. Outre le fait qu'il refuse de parler dans les heures qui précèdent la rencontre, le portier des Reds s'impose un rituel rigoureux et peu ragoûtant : avant de pénétrer sur la pelouse, il se rend dans les toilettes du vestiaire, attend d'être seul puis crache sur le mur ! Quel sens donner à ce geste ? Le portier n'a jamais fourni d'explication. Il indique juste dans une interview au *Daily Mail* : « Je vivais dans un petit univers délirant dans lequel tant que je faisais tout dans le bon ordre, tout me réussissait. »

Cette routine a des origines bien plus anciennes. La salive est un symbole à la fois de créativité et de destruction, selon l'historienne Éloïse Mozzani. « La salive contient l'âme de l'homme », explique-t-elle. À l'époque romaine, cracher constituait « une offrande aux dieux destinée à attirer leur bienveillance et par conséquent à encourager les bonnes influences tout en se protégeant des mauvaises ».

Dans sa longue carrière, prolongée jusqu'à 44 ans en Inde pour promouvoir l'Indian Super League au sein du Kerala Blasters FC, James n'a cependant pas été épargné par les déboires. Les tabloïds britanniques l'avaient affublé du surnom de « Calamity James » en raison de ses bourdes spectaculaires malgré des arrêts qui l'étaient tout autant. Aux dernières nouvelles, l'ancien gardien de Manchester City, ruiné par son divorce, a dû vendre une grande partie des maillots et souvenirs qu'il avait glanés au cours de ses vingt ans de professionnalisme. La sphère domestique est bien plus dure à contrôler qu'un ballon de football.

« TANT QUE JE FAISAIS TOUT DANS LE BON ORDRE, TOUT ME RÉUSSISSAIT. »

David James

IVAN RAKITIC

Droite gauche

À cheval sur deux cultures, Ivan Rakitic a peut-être pris un peu du côté suisse, où il est né, et un peu de la Croatie, le pays d'origine de ses parents, au moment de choisir sa superstition. L'ancien milieu de terrain du FC Barcelone, vainqueur de la Ligue des champions en 2015, a aussi disputé une finale de Coupe du monde avec la Croatie contre la France en 2018. À l'aune de son palmarès, on peut donc dire que ses rituels d'avant match sont efficaces. À défaut d'être originaux… En matière de superstition, le natif de Rheinfelden dans le canton germanophone d'Argovie ne sait pas trop sur quel pied danser ! Disons qu'il se sert de l'un et de l'autre avant d'entrer en compétition. Ivan le superstitieux est d'abord un homme de gauche : c'est en tout cas la main qu'il bande en premier, puis la jambe, et enfin la chaussette gauche enfilée de prime abord. Mais dès qu'il pénètre sur l'aire de jeu, le Croate change de bord et prend soin de toujours entrer du pied droit sur la pelouse. La réputation de porte-malheur du pied gauche explique en partie ce rituel très répandu chez les sportifs, qui l'intègrent d'autant plus vite qu'il est discret et facile à appliquer.

JOCELYN THIBAULT

Gardien des superstitions

C'était une chaude journée d'été à Québec. Jocelyn Thibault s'en souvient comme si c'était hier. En juin 1993, l'actuel directeur général d'Hockey Québec, la fédération québécoise, participe au repêchage d'entrée de la Ligue nationale de hockey, la Draft, en anglais. La cérémonie se déroule au Colisée, la patinoire des Nordiques. Lorsque le directeur général du club se lève pour annoncer le nom du joueur qui va être sélectionné par l'équipe fleurdelysée au 10e rang, 15 000 spectateurs scandent le nom de leur favori : « Tibo ! Tibo ! Tibo ! » Le junior de 18 ans devient quelques semaines plus tard l'un des plus jeunes gardiens titulaires de la LNH. Est-ce la canicule de ce jour historique, cette ambiance de communion qui a donné à Thibault l'idée de son surprenant rituel d'avant match ? Le portier canadien est en effet connu pour se verser de l'eau froide sur la tête. Et pas à n'importe quel moment ! Six minutes et trente secondes précisément avant le coup d'envoi. Difficile de démêler la référence religieuse au baptême du simple rafraîchissement, personne ne semble lui avoir posé la question au cours de ses quinze ans de carrière professionnelle.

↑ États-Unis-France aux championnats du monde de hockey 2024.

LA CAGE AUX RITES

Par leur position sur le terrain et leur rôle décisif, les gardiens constituent une corporation particulièrement sensible à la superstition. C'est vrai pour le football, ça l'est encore plus dans le hockey professionnel nord-américain. Et cela ne date pas d'hier.

GLENN HALL est une légende de ce sport. Surnommé *Mister Goalie* (« M. Gardien de but »), ce portier avait développé une manie plutôt repoussante : il se faisait vomir avant chaque rencontre. Sans doute une réaction au stress au début de sa carrière mais Hall, considéré comme l'un des meilleurs hockeyeurs de l'histoire, affirmait que cette pratique lui permettait d'améliorer ses performances sur la glace.

PATRICK ROY, autre figure historique des filets canadiens, fait également partie des hockeyeurs les plus superstitieux. Vainqueur de quatre coupes Stanley et de plusieurs distinctions personnelles, Roy parlait à ses poteaux lorsqu'il prenait place dans les cages, à l'échauffement. Et voici ce qu'il leur disait : « Allez les gars, aidez-moi. » « Avant le match, je leur donne des directives, rapporte-t-il. Les poteaux de but sont toujours avec moi. Ils me répondent. Certains matchs, ils disent "bing". Mais parfois, ils passent aussi une mauvaise soirée. »

Selon **KIRK MCLEAN,** un ancien hockeyeur international canadien, « quand on apprécie de se faire lancer des rondelles à chaque match et qu'on en redemande aux matchs suivants, faut vraiment être spécial ». C'est peut-être la raison pour laquelle beaucoup de gardiens de hockey sont très superstitieux. **PHILIPPE OZGA** dort depuis qu'il est enfant avec un palet sous son oreiller ; **FÉLIX POTVIN** collait sur son casier deux morceaux de ruban adhésif en forme de croix avant chaque match ; **ED BELFOUR** menaçait de mort (pour rire mais...) quiconque touchait à une pièce de son matériel ; **DAMIAN RHODES** se teignait les cheveux en blond avant chaque match et **JOSÉ THÉODORE**, lui, allait prendre une douche juste avant d'entrer sur la glace. Classique, direz-vous ? Pas vraiment, car l'ex-vigie des Canadiens de Montréal le faisait avec son équipement sur le dos !

RAJON RONDO

Lavage d'un cerveau

Dans la vaste galerie des étoiles de la NBA, Rajon Rondo tient une place à part. Jusque dans ses superstitions...
Ce meneur de jeu né en 1986 n'est pas la plus connue des vedettes du championnat nord-américain qui compte dans ses rangs plusieurs géants à la notoriété mondiale. Mais Rondo est tout de même le seul basketteur sacré champion avec les Boston Celtics (2008) et les Los Angeles Lakers (2020), soit les deux plus puissantes franchises titrées des États-Unis. Au cours de sa longue carrière, il a porté les couleurs de neuf équipes et marqué les fans grâce à des statistiques impressionnantes ; Rondo était un passeur de génie, aux dribbles déroutants et à l'intelligence remarquable sur et en dehors du terrain. Un amateur d'échecs qui, comme il le dit lui-même, joue « contre les coaches adverses et pas contre les joueurs », mettant au service de ses partenaires sa mémoire photographique au même titre que son agilité balle en mains. Le natif de Louisville, Kentucky, est un cerveau en perpétuelle ébullition, il parle couramment plusieurs langues et pratique divers instruments de musique : guitare, piano, batterie, qui servent à le relaxer mais qu'il associe également à l'harmonie et au rythme qu'il recherche sur le parquet.

« J'AI QUELQUES TOC. »

Histoire d'eau

Surdoué donc, le Rondo. Furieusement cérébral, et ce, depuis ses jeunes années lorsqu'il résolvait des problèmes de mathématiques plus vite que son professeur. Cependant, un autre trait de sa personnalité contribue à la fascination qu'il exerce. L'ancien joueur des Chicago Bulls applique un rituel rigoureux à ses avant-matchs. Une manière très précise de faire ses lacets, d'arranger son maillot mais surtout l'obligation de prendre cinq douches avant d'entrer sur le terrain ! La dernière quarante-cinq minutes précisément avant le coup d'envoi. Dans le reportage que lui a consacré *Sports Illustrated* en 2013, il affirme que sous l'eau il réfléchit mieux et qu'en sortant, il griffonne des schémas de jeu, ses claquettes de douche aux pieds. Car le garçon souffre de germophobie, la peur des microbes et autres bactéries qui peuvent s'épanouir dans les vestiaires. « J'ai quelques TOC », avoue le quadruple All-star. Rondo glisse toujours dans sa chaussette un tube de baume à lèvres pour s'en appliquer tout au long de la partie. Et sa passion pour l'hydratation va plus loin : il affirme boire cinq bouteilles d'eau avant d'arriver à la salle. Comme nombre de ses semblables, le joueur s'exerce toujours de la même manière à l'échauffement avec un long ballon projeté en l'air et quelques jongles de la poitrine et de la tête. Certes, sa carrière a été marquée par plusieurs blessures et de longues absences, mais « Play-off Rondo » ne regrette pas son comportement. Même si ses passages en Californie, à LA puis Sacramento, lui ont valu quelques remarques piquantes sur la consommation d'eau qu'entraînent ses douches à répétition, dans un état victime de la sécheresse et où les habitants sont soumis à des restrictions. La planète ne lui dit pas merci.

↓ Rajon Rondo, vainqueur des finales NBA avec les Los Angeles Lakers en 2020.

WAYNE GRETZKY

Père-la-routine

La plupart des superstitions du « Great One » remontent à l'enfance. Retour sur Wayne Gretzky, qui a chaussé à 2 ans ses premières lames sur la patinoire aménagée par son père dans le jardin familial. À 6 ans, il intègre une équipe de hockey dont les joueurs sont âgés de 10 ans et hérite d'un « chandail » bien trop grand. Il doit donc coincer le côté droit du maillot dans son pantalon, un rituel qui le suivra pendant toute sa riche et longue carrière.

Le petit-fils d'immigrants polonais et ukrainiens va devenir un géant du sport, souvent décrit comme le plus grand joueur de hockey de tous les temps. De ses jeunes années dans l'Ontario, il a aussi conservé un régime alimentaire bien particulier qu'il a perpétué les jours de match et qui brouille les limites entre la superstition et la nutrition. Dans un entretien avec le journaliste Graham Bensinger en 2016, Gretzky explique pourquoi son besoin de manger quelques heures avant un match un hot dog ou des sandwichs, en contradiction avec les régimes drastiques des sportifs, relève autant de la faim que du mental : dans ses jeunes années, les compétitions avaient lieu après ses cours et il était affamé en se rendant à la patinoire. Devenu pro, il a conservé cette habitude car son corps semblait lui réclamer cette collation bien grasse de la fin d'après-midi. En matière d'hydratation, l'homme aux 61 records en LNH était encore plus strict, il ne dérogeait jamais à l'ordre de ses boissons les jours de match : un Coca light, une bouteille d'eau, une boisson énergisante, un autre Coca pour finir, la même chose à la mi-temps.

L'ordre est une obsession pour Gretzky, jusque dans l'habillement : tout le côté droit d'abord - jambière, coudière, épaulière - puis la même chose à gauche. Des marottes dont l'origine n'est pas toujours très claire… En revanche, « la Merveille » se souvient parfaitement pourquoi il ne se coupe plus les cheveux avant de jouer : la seule fois où il l'a fait, son équipe s'est inclinée.

À la fin de sa carrière, son numéro, le 99, a été retiré non seulement des clubs dans lesquels il a joué mais de toute la Ligue nationale de hockey. Ses manies sont devenues légendaires, et notamment la plus étrange d'entre elles : dans le secret du vestiaire, à quelques minutes du coup d'envoi, le buteur mythique des Oilers d'Edmonton saupoudrait la partie basse de sa crosse, la palette, de talc pour bébé. « Vous devez prendre soin de ce qui prend soin de vous », disait-il. Selon lui, il s'agit moins de superstition que de routine, qui, selon son père et premier entraîneur, Walter, est la condition obligatoire de la réussite d'un champion. Pour son fils, il ne s'est pas trompé.

BRUCE GARDINER

Crosse et châtiment

Lui n'a pas un rapport au « bâton » de hockey aussi tendre que son illustre aîné Gretzky, mais l'objectif de performance est exactement le même.

Comme Gretzky, Gardiner joue au prestigieux poste de centre, celui des buteurs et stratèges, dans la ligue professionnelle nord-américaine. Il est né à Barrie, petite ville de l'Ontario à une centaine de kilomètres de celle du « Great One », mais dix ans plus tard. Si son palmarès et sa notoriété sont sans commune mesure avec ceux de la légende Gretzky, Gardiner mérite sa place au panthéon des super-héros de la superstition. D'autant qu'il est un véritable héros : à 14 ans, avec l'aide d'un ami, il a sauvé de la noyade un couple et leurs enfants dont la barque avait chaviré. Les deux ados ont reçu la médaille de la bravoure des mains de la gouverneure générale du Canada, la représentante de la reine d'Angleterre. Gloire locale donc, il fait ses débuts en LNH avec les Sénateurs d'Ottawa, mais Gardiner ne marque pas assez pour s'imposer.

Cependant, parmi l'effectif de l'équipe de la capitale canadienne évolue un attaquant international plus expérimenté, Tom Chorske. Celui-ci prend le petit Bruce sous son aile et lui donne un conseil qui va changer sa vie : « Tu respectes trop ton bâton, tu dois lui donner une bonne leçon, trempe-le dans les toilettes ! » D'abord sceptique, le rookie ne passe pas à l'action. Mais sa période de disette se prolongeant, Gardiner se résout à noyer ses doutes et sa crosse dans la cuvette ! Et comme par magie, il marque trois buts dans la partie suivante. Son rituel vient de naître, et il va se poursuivre tout au long de sa carrière qui l'emmènera en Russie et en Finlande pour s'achever en 2005 dans une ligue mineure. « J'étais prêt à tout pour quelques buts », dira-t-il plus tard. Cette tendance un brin punitive, l'attaquant ontarien saura aussi la valoriser pour sa reconversion : Bruce Gardiner est retourné vivre dans sa ville natale où il est devenu agent de police.

DERNIERS INSTANTS AVANT LA BATAILLE

De l'ombre à la lumière : encore un moment clé dans la mythologie sportive. Plus que quelques secondes avant le coup d'envoi, un chrono qu'on enclenche, une première balle. Ce passage d'une rive de tranquillité relative à celle de la furia de la compétition, au bout du tunnel. À Anfield Road, le stade du Liverpool Football Club, une formule marque cette frontière : *This Is Anfield,* pour rappeler la solennité du moment, souligner l'esprit sacré du lieu. L'inscription est censée galvaniser les locaux et effrayer l'adversaire. Pour conjurer la peur et s'attirer les faveurs du sort, il ne reste plus que quelques minutes, quelques gestes qui échappent à la technique et parfois à la raison. Dans ces instants suspendus où la victoire n'a pas encore choisi son camp, une pincée de sel ou quelques gouttes d'urine pourraient bien faire pencher la balance.

Luis Fernandez / Rolland Courbis

LE CLASSICO DE LA SUPERSTITION

L'un est une idole du PSG, l'autre une figure de l'OM. Luis Fernandez comme Rolland Courbis ont joué et entraîné dans d'autres clubs mais incarnent l'archétype du titi parisien pour le premier et la faconde méridionale pour le second. Ils ont un point commun : la croyance.

« On ne change pas une équipe qui gagne. » Ce poncif de vestiaire, Luis Fernandez l'applique scrupuleusement. Né à Tarifa en Espagne, élevé aux Minguettes à Lyon, l'ancien membre du carré magique des Bleus est le seul entraîneur français vainqueur d'une coupe d'Europe, la Coupe des coupes, en 1996. Sur le banc du Paris Saint-Germain, il a aussi remporté deux coupes nationales. Il avait été champion de France en 1986 avec Paris. Autant dire qu'il a beaucoup gagné. Et la victoire, nous dit-il, est la vraie boussole de la superstition. « Quand on gagne un match, on essaye de tout refaire exactement de la même manière pour ne pas contrarier l'équilibre que l'on a réussi à trouver : on s'assoit à la même place sur le banc, dans le vestiaire. À l'extérieur, on essaye de se souvenir de tout ce qu'on a fait la fois d'avant pour faire différemment si on avait perdu et pareil si on avait gagné ! » Mais pour Luis, il s'agit surtout de confiance et de bien-être. « Cela donne de la force », dit-il. Pour mettre toutes les chances de son côté, l'ancien entraîneur de l'AS Cannes n'hésitait pas non plus à tenter de conjurer le mauvais œil. « Avant les rencontres, les gens croyaient que j'allais inspecter les filets des buts mais en fait, je répandais discrètement une poignée de gros sel dans les cages, des deux côtés. Et parfois, ça a marché, alors je l'ai refait. » Il se souvient vaguement qu'un marabout lui avait soufflé ce tour qui se transmet de génération en génération depuis des lustres. (Voir Romeo Anconetani p. 94.)

« ALORS JE FAIS TOUT CE QUI PEUT FAVORISER LE SORT. MÊME LES CONSEILS DE CERTAINS MARABOUTS. »

Rolland Courbis

La corne du rhino

Rolland Courbis aussi a usé de condiments pour pimenter ses avant-matchs. Mais pas seulement. Lui aussi, c'est un beau salé. Parmi les 14 clubs et la sélection qu'il a entraînés (3 matchs avec le Niger), coach Courbis s'est notamment illustré avec Bordeaux et l'OM. Son défenseur central chez les Girondins, Didier Sénac, raconte comment avant chaque rencontre, le roué Courbis l'envoyait répandre du sel sur la pelouse pour éloigner les mauvaises ondes. « Prends-le dans la main gauche », lui disait-il. Un soir qu'il s'était trompé de main, il n'avait pas su quoi répondre à un adversaire venu le saluer et qui s'était étonné de voir sa paume pleine de cristaux. Gênant. Mais en cette saison 1992-1993, le capitaine bordelais va continuer à répandre la poudre blanche pour le compte de son entraîneur. Rolland Courbis s'en félicite encore aujourd'hui : « Cette année-là, nous avons établi un record qui tient toujours, le nombre de matchs d'affilée sans prendre de buts, douze. La cage de Gaëtan Huard, dit "Guéguette", est restée inviolée pendant 1176 minutes. » Rolland Courbis le revendique : « J'accepte toujours les superstitions des autres, et je ne veux surtout pas aller contre, cela porterait malheur. Alors je fais tout ce qui peut favoriser le sort. Même les conseils de certains marabouts. »

Le 29 janvier 1999, Courbis, après trois saisons passées à Bordeaux, est l'entraîneur de l'OM. Avec Laurent Blanc, Christophe Dugarry, Robert Pirès, Roy, Bravo et Gallas, Marseille vise le titre. Les Girondins aussi. Ce jour-là, le match est justement au Parc Lescure (aujourd'hui stade Chaban-Delmas). Le matin même, Courbis annonce à ses joueurs que la traditionnelle promenade d'avant match aura lieu sur le terrain. Cela n'arrive jamais. En parcourant la pelouse, l'entraîneur invite quelques joueurs à le rejoindre dans le rond central, il se penche, gratte le gazon, la craie, et sort un linge plein de terre. À l'intérieur, une corne de rhinocéros. Un talisman qu'un joueur d'origine africaine avait préconisé d'enterrer pour porter chance à l'équipe... deux ans plus tôt. « Pas question que je fasse les frais de mon propre sortilège », annonce le Marseillais à ses joueurs médusés et hilares. Le soir, Marseille prend la leçon, et s'incline 4 buts à 1. Bordeaux remportera le championnat quatre mois plus tard à la faveur d'une victoire face au PSG, obtenue à la 85e minute grâce au premier but de Pascal Feindouno en première division. Comme si le sort s'était acharné sur le plus superstitieux : « Je n'aurais peut-être jamais dû déterrer ce truc, déplore Courbis aujourd'hui en souriant. C'était ça, la malédiction. » Il y a toujours une bonne raison de croire aux forces de l'esprit.

BARRY FRY

Un entraîneur en miction

Barry Fry est un manager anglais truculent qui n'a pas hésité à donner de sa personne pour vaincre le mauvais sort.

Fry a connu son heure de gloire dès son plus jeune âge, à la fin des années 1950. Son but avec une sélection scolaire à Wembley devant 94 000 spectateurs, en lever de rideau de la finale de la Cup, lui ouvre les portes de Manchester United. Malheureusement, il ne jouera jamais en équipe première et cet ailier vif devra mettre un terme à sa carrière prématurément à cause d'une blessure. Tant pis, Fry va s'illustrer comme entraîneur ! Mais pas vraiment pour ses résultats, puisqu'il est surtout célèbre en Angleterre pour avoir été licencié huit fois de ses postes successifs.

Un autre fait d'armes vaut aussi à Fry une renommée internationale et une place de choix dans notre galerie des superstitions.

La malédiction des Gitans

Il faut remonter au début du siècle pour bien comprendre l'étrange comportement de Barry Fry. Le 26 décembre 1906, le Birmingham City Football Club inaugure son nouveau stade. Le St Andrew's Stadium peut accueillir 75 000 spectateurs et devient l'un des fleurons du sport britannique. Ce jour-là pourtant, le coup d'envoi est retardé d'une heure car une tempête de neige a rendu la pelouse impraticable. Pour une partie des supporters des Bluenoses, c'est le signe que la malédiction opère ! Une malédiction ? Oui, car les travaux de construction de l'enceinte ont entraîné l'expulsion d'un campement de gens du voyage. Des Gitans qui, selon la légende, ont jeté un sort sur le bâtiment : il sera maudit pour les cent prochaines années ! L'histoire se transmet de génération en génération, et chaque mauvais résultat est attribué à cette funeste prédiction. D'autant que le club fait bien pâle figure à côté de son rival local, Aston Villa, septuple champion d'Angleterre et vainqueur de la Coupe d'Europe des clubs champions (rebaptisée Ligue des champions) en 1982.

La croix et la litière

Au début des années 1980, un entraîneur tente d'enrayer la malédiction et fait placer des crucifix sur les projecteurs et dans les vestiaires du stade avant de demander à ses joueurs de peindre leurs crampons en rouge. Peine perdue. En 1985, le tragique s'invite en tribunes et confirme la damnation manouche : un adolescent de 15 ans est tué par l'effondrement d'un mur lors du dernier match de la saison.

Barry Fry ignore le fléau qui pèse sur le club lorsqu'il prend en main l'équipe première en 1993. Mais après plusieurs défaites d'affilée, alors qu'il s'attribue la responsabilité de ces échecs en série, son secrétaire lui affirme qu'il n'y est pour rien. Fry décide alors de contacter un spécialiste de la magie gitane et applique le remède préconisé : uriner aux quatre coins de l'aire de jeu. Fry raconte volontiers que trois jours de suite, il a consciencieusement arrosé les quatre poteaux de corner de St Andrew's. Les vertus curatives de l'urine ne sont pas nouvelles, on lui attribue même la capacité de protéger « du mauvais œil, des démons, des fantômes, de la possession et des maladies passant pour diaboliques, comme l'épilepsie », explique Éloïse Mozzani .

La malédiction a-t-elle été vaincue ? « Vu qu'on a commencé à gagner après ça, je me suis d'abord dit que oui. Mais après, ils m'ont viré, donc je pense que non », dira-t-il au magazine *FourFourTwo*. Cependant, le 26 décembre 2006, le successeur de Fry sur le banc de Birmingham annonce que ce jour de Boxing Day marque la fin de la damnation, cent ans jour pour jour après l'inauguration de St Andrew's. Les Bluenoses s'imposeront 2-1 contre Queens Park Rangers.

← Barry Fry moustachu et cravaté escorte George Best en 1974.

CRUYFF MET LA GOMME

« Je ne suis pas croyant. En Espagne, les vingt-deux joueurs se signent avant d'entrer sur le terrain. Si ça marchait, tous les matchs se finiraient sur un match nul. » Cette phrase aux accents nihilistes appartient au répertoire des « cruyffismes », une série d'aphorismes, qu'aujourd'hui on appellerait des « punchlines », proférés par l'immense Johan Cruyff. Le triple Ballon d'Or avait la langue bien pendue et une science du jeu qui ont fait de lui une légende de son sport. Joueur au talent hors norme et entraîneur de génie, le Néerlandais n'était pas aussi cartésien que sa formule antireligieuse le laisse penser. L'attaquant de l'Ajax d'Amsterdam a commencé sa carrière à 17 ans dans le club de sa ville natale et y a développé un rituel très précis, en deux étapes : juste avant la rencontre, Cruyff donne une claque sur le ventre du gardien de but puis, une fois sur le terrain, crache son chewing-gum dans le camp adverse. « C'est bizarre, je sais, mais cela semble fonctionner pour moi. Ensuite, j'étais totalement concentré sur ce que nous devions faire dans le match », déclare-t-il en 1972.

Le « Hollandais volant » se souvient qu'il a dérogé une seule fois à sa routine. C'était le 28 mai 1969 avant la finale de la Coupe d'Europe des clubs champions face au Milan AC. Ce jour-là, à Madrid, le futur entraîneur du Barça ne porte pas encore son iconique numéro 14 (voir p. 74) mais le 10. Avant le coup d'envoi, il tape bien dans les abdominaux de Gert Bals, le portier de l'Ajax, mais oublie d'expulser sa gomme. Patatras ! Les Italiens de Rivera et Trapattoni surclassent le Prince d'Amsterdam, 4-1. L'erreur sera réparée en 1971, 1972 et 1973 puisque l'Ajax remportera les trois finales d'affilée de la plus prestigieuse compétition européenne. Il suffisait donc de cracher...

**« EN ESPAGNE,
LES VINGT-DEUX JOUEURS
SE SIGNENT AVANT D'ENTRER
SUR LE TERRAIN.
SI ÇA MARCHAIT, TOUS
LES MATCHS SE FINIRAIENT
SUR UN MATCH NUL. »**

Johan Cruyff

**ENTRE VINGT
ET VINGT-CINQ UNITÉS
PASSAIENT SOUS
SES DENTS EN ATTENDANT
SON ENTRÉE SUR
LA PATINOIRE, SOIT
ENVIRON HUIT MILLE
DRAGÉES.**

STÉPHAN LEBEAU, MÂCHE OU CRÈVE

Outre une superbe coupe mulet châtain clair, Stéphan Lebeau est connu pour faire partie de l'histoire de la LNH : il appartient à la dernière équipe canadienne victorieuse de la Coupe Stanley. Le centre québécois a vécu l'épopée de 1993, aux côtés de Patrick Roy, gardien légendaire, qui se terminera par la victoire en finale du championnat nord-américain face aux Kings de Los Angeles.

Dans le bilan statistique de sa carrière en LNH, riche d'environ 250 buts en huit ans, il faut aussi ajouter le nombre de chewing-gums consommés car le chiffre est très impressionnant. Lebeau avait en effet la particularité de passer son stress en ruminant furieusement avant chaque rencontre. Entre vingt et vingt-cinq unités passaient sous ses dents en attendant qu'il entrât sur la patinoire, soit environ huit mille dragées ou tablettes de sucreries à mâcher au cours de sa carrière. Le hockeyeur de Saint-Jérôme formait ainsi une gigantesque boule de pâte qu'il crachait exactement à deux minutes du coup d'envoi. Dans une poubelle, et non sur la glace.

ROMEO ANCONETANI

Un président bien relevé

À la fin du xxe siècle, le « presidentissimo » a dirigé le Pisa Sporting Club pendant seize ans, les plus belles années de l'équipe toscane. Et si la foi de Romeo Anconetani dans le pouvoir du sel y était pour quelque chose ?

Décédé en 1999, Anconetani est une figure du football italien. Il a été journaliste, animateur à la télévision et a quasiment inventé la profession d'agent de joueur au début des années 1960. Surnommé aussi « Monsieur 5 % », il monnayait son expertise auprès des clubs. Grâce à son réseau d'informateurs et d'entraîneurs, il a rédigé des dossiers sur près de quarante mille footballeurs du monde entier, un fichier baptisé « Archives Anconetani », très précieux par exemple pour l'ancien président du Milan AC, Silvio Berlusconi, dont il a été le conseiller à la fin de sa vie. Banni du Calcio pour une affaire de corruption dans les années 1970, il profite de l'amnistie décrétée à la suite de la victoire de l'Italie au Mundial 1982 pour devenir l'un des dirigeants les plus influents du football italien. À Pise, qu'il rachète pour 300 millions de lires, il va se forger une réputation de « tueur d'entraîneurs », qu'il licenciait (puis réembauchait) au gré de ses colères légendaires : vingt-deux techniciens remerciés entre 1978 et 1994. Les joueurs aussi faisaient les frais de son humeur tempétueuse et pouvaient, à la suite de mauvais résultats, se retrouver dans des camps d'entraînement punitifs, qu'il organisait pour remotiver les troupes !

AVANT CHAQUE MATCH À L'ARENA GARIBALDI, ROMEO, VOIX RAUQUE ET LUNETTES FUMÉES, RÉPANDAIT UNE BOÎTE ENTIÈRE DE SEL SUR LA PELOUSE POUR CONJURER LE MAUVAIS SORT.

Un « évêque raté »

Parfois cependant, les excursions étaient plus spirituelles. Au sanctuaire de Montenero près de Pise, mais pieds nus, ou un peu plus loin à Lourdes, sur les traces de Bernadette Soubirous. Ce dirigeant très religieux se qualifiait lui-même d'« évêque raté ». Anconetani le sanguin était aussi un indécrottable superstitieux avec une passion dévorante : le sel. Ce condiment est connu depuis la nuit des temps pour conserver la nourriture mais il a aussi la réputation d'éloigner les maléfices ou les démons.

Cependant notre homme de Pise en faisait une consommation industrielle ! Avant chaque match à l'Arena Garibaldi, Romeo, voix rauque et lunettes fumées, répandait une boîte entière sur la pelouse pour conjurer le mauvais sort. Et plus le match était important, plus la quantité augmentait. Avant une rencontre décisive face au grand rival de Cesena, le président a fait assaisonner l'aire de jeu avec 26 kg de cristaux !

Au cours de l'ère Anconetani, le club a connu six saisons de Serie A, l'élite italienne, et quelques pépites comme l'Argentin Simeone ou le Brésilien Dunga sont passés par la Toscane avant de percer dans des clubs plus riches. Romeo est adulé à Pise. Le jour de ses obsèques, son cercueil, recouvert d'écharpes et de maillots bleu et noir, a eu droit à un ultime tour d'honneur sur cette pelouse qui porte désormais son nom et gardera à jamais le goût du sel.

Joe Cokanasiga / Artem Rebrov

AVOIR DE BONS POTEAUX

Ils ne font pas le même sport mais Joe Cokanasiga et Artem Rebrov ont développé une tendresse particulière pour les piquets. Sans doute pour ne pas se planter.

L'un est rugbyman anglais d'origine fidjienne, l'autre Russe et footballeur. Artem Rebrov est gardien de but donc, comme Joe Cokanasiga, il manipule le ballon avec ses mains. Est-ce ce point commun qui leur fait partager une superstition étrange mais qui s'explique peut-être par le rôle que jouent les poteaux dans leur vie de sportifs de haut niveau ? L'ancien portier du Spartak de Moscou a gardé les cages du club de la capitale pendant dix ans et n'a jamais dérogé à son rituel consistant à embrasser les montants de ses buts au début du match puis à la mi-temps. Rebrov parlait à ses poteaux comme à de bons amis chargés de le protéger, en attirant les tirs adverses.

Quant à l'ailier du XV de la Rose, il a confié à un podcast de la BBC qu'il ne pouvait commencer un match sans toucher les perches fichées sur la ligne d'en-but. Là aussi, une manière de les apprivoiser pour mieux les franchir. Cokanasiga avait aussi adopté, en arrivant au club du London Irish en 2015, une routine très précise. Avant de commencer son échauffement, il faisait le tour du terrain pour toucher les drapeaux plantés aux quatre coins. Autre point commun, ces deux athlètes superstitieux mesurent 1,93 m, ce qui montre que l'on peut compter sur les grands tactiles.

↓ Le rugbyman Joe Cokanasiga et le footballeur Artem Rebrov.

SANTO CONDORELLI,

Majeur pas vacciné

Le rituel de ce nageur italo-canadien est une création (très) originale. Un signe distinctif, pas très distingué, qui lui a valu quelques ennuis. Le petit Santo est un enfant hyperactif. Né au Japon d'un père américain et d'une mère canadienne, il pratique d'abord la lutte et le baseball pour canaliser son énergie et échapper aux mauvaises fréquentations de son quartier de New York où il vit avec son père. Joseph Condorelli est un peu dépassé depuis qu'il s'est séparé de la maman mais il couve son fils et l'encourage lorsque, lassé de se faire tordre par les lutteurs du lycée, celui-ci se relance dans la natation, le sport de son enfance qu'il avait abandonné au collège. Et dans les bassins, cette fois Santo trouve sa voie. Il se distingue à l'université de Californie du Sud et dispute plusieurs compétitions juniors sous la bannière étoilée, puis les JO de 2016 pour le Canada et ceux de 2020 avec l'Italie dont sont originaires ses grands-parents paternels. À Tokyo, il remporte la médaille d'argent du 4 × 100 m nage libre avec le relais transalpin.

PAS QUESTION DE RENONCER À CE GESTE DEVENU UN ÉLÉMENT DE BIEN-ÊTRE, UNE CONDITION DE SA PERFORMANCE.

Retourner l'oiseau

Tout le long de ce parcours accidenté mais brillant, Joseph veille au grain. Le père est le premier entraîneur du bébé nageur lorsqu'ils vivent encore dans l'Oregon, avant le divorce. Il est à la piscine quand le fiston, dès 5 ans, coule ses premières brasses, et pour ses débuts en compétition à 8 ans. Et c'est là, à Portland, que va se nouer le lien superstitieux qui unit papa et son rejeton.

Santo enrage d'être battu par des garçons plus âgés mais moins doués que lui. Il s'énerve, trépigne et perd ses moyens une fois dans l'eau. Son père lui propose alors, lorsqu'il prend position sur le plot de départ, de lui faire un doigt d'honneur pour renforcer sa confiance en lui, comme un message de rébellion et de force face à l'adversité : « Fais-moi un doigt et je t'en ferai un », lui propose Joseph. Les Québécois appellent cela « retourner l'oiseau », *to flip the bird*, en anglais. Mais au fur et à mesure de l'ascension de Santo, le volatile prend du plomb dans l'aile. Lors d'une compétition universitaire, les caméras saisissent au vol le majeur dressé vers le géniteur. Scandale. Condorelli doit se fendre d'une lettre d'excuses auprès des organisateurs et expliquer qu'il est dans son bon doigt, qu'il ne manque de respect à personne. Pas question de renoncer à ce geste devenu un élément de bien-être, une condition de sa performance. Désormais, Santo se fait plus discret avant de plonger. Il replace ses lunettes avec son majeur et son père comprend parfaitement, car il vaut mieux un compromis qu'une mise à l'index.

← Santo Condorelli en finale du 100 m nage libre des JO de Rio, le doigt sur la couture des lunettes.

Mario Gomez / Tomas Rosicky

PAS DE CHANCE EN CHANSON

Pour un sportif, chanter l'hymne de son pays est signe de réussite. Avant ou après une compétition, cela valide une sélection internationale ou une éclatante victoire. Pour ces footballeurs, en revanche, ça porte malheur.

Mario Gomez a toujours défendu les couleurs de l'Allemagne, des sélections de jeunes jusqu'à la surpuissante Mannschaft dont il a porté le maillot à 78 reprises. Né de père espagnol, l'ancien attaquant du Bayern n'a aucun problème avec le *Deutschlandlied* mais dans les quelques minutes qui précèdent le coup d'envoi, il ne le chante pas. Jamais. Aligné avec ses partenaires dans ce moment solennel de communion, Mario reste silencieux. Ce mutisme est déjà passé, pour d'autres joueurs, dans d'autres pays, pour un défaut de patriotisme. Gomez, lui, l'assume, car il s'agit d'une superstition. Elle remonte à ses premières capes parmi les juniors. Il avait alors l'habitude, comme tout le monde, de reprendre en chœur les paroles entraînantes du chant national : « Unité et droit et liberté pour la patrie allemande. » Mais un jour où il ne le fit pas, Gomez marqua deux buts. C'en était fini des vocalises en mondovision pour le jeune Mario, auteur de 31 buts internationaux pendant sa carrière achevée en 2020.

Tomas Rosicky faisait silence également lors de la cérémonie des hymnes, mais pour une raison exactement inverse ! Le maître à jouer du Sparta Prague, de Dortmund puis d'Arsenal était surnommé le « Petit Mozart » pour sa virtuosité balle au pied, non pour ses talents musicaux. Ça tombe bien, l'interprétation de l'hymne tchèque ne constituait qu'une toute petite part de son activité. Mais tout de même, il a fallu qu'il s'empêche de chanter lors de ses 105 sélections, dont certaines en tant que capitaine. Car pour lui non plus, le protocole ne faisait pas le poids contre les mauvais souvenirs : « Je suis superstitieux, et chaque fois que j'ai chanté, on a perdu le match. »

Gomez se taisait pour attirer la bonne fortune, Rosicky pour éloigner le malheur. Mais comme son collègue allemand, c'est lors des compétitions de jeunes qu'il a établi un lien entre l'interprétation de « Où est ma patrie ? », l'hymne de la Tchéquie, et ses performances sur la pelouse. Cependant le Pragois, en gage d'amour pour le drapeau, jurait qu'il chantait dans sa tête. Ouf.

↓ Mario Gomez (2ᵉ en partant de la gauche) et Tomas Rosicky (à droite) pendant les hymnes allemand et tchèque.

edfENERGY
14
PRESS ON
SKINS
CASTRES
Matmut
L'AEROPORT TARNAIS
S.T.E.M.
Granulats Béton
Pirola
#ChampionsCup
15

L'ENTRÉE SUR LE TERRAIN

« Il n'y a que le premier pas qui coûte. » Cette sentence prononcée par une marquise du XVIIIe siècle, devenue proverbe populaire, est prise, si l'on peut dire, au pied de la lettre par plusieurs sportifs, souvent des footballeurs. En voici quatre qui mettent le plus grand soin à respecter la première partie d'une autre formule lancée par Maurice Chevalier au jeune Johnny Hallyday : « Soigne ton entrée, soigne ta sortie et, entre les deux, tu te démerdes ! »

PAUL INCE

Le pionnier bon dernier

Ce milieu de terrain accrocheur a connu une carrière prolifique. Double champion d'Angleterre avec Manchester United, il a également remporté la Coupe des vainqueurs de coupe avec les Red Devils et quelques autres accessits. Mais l'une de ses plus grandes fiertés est d'avoir porté le brassard de capitaine de l'Angleterre. Le 9 juin 1993, Ince est devenu le 97e joueur à guider la sélection, c'était à Boston lors d'un match amical face aux États-Unis. Mais ce jour-là, il devient surtout le premier Noir nommé à cette fonction chez les Three Lions en cent vingt ans d'existence. Intronisé en 2021 dans le Hall of Fame du football anglais, l'orphelin de la banlieue londonienne avait aussi une manière bien à lui de pénétrer sur la pelouse : il sortait toujours le dernier du vestiaire en courant et enfilait son maillot sur le chemin.

KOLO TOURÉ

Dernier de cordée

Cette manie de fermer la marche, comme Bobby Moore en son temps, est-elle une particularité du championnat anglais ? L'Ivoirien formé à l'ASEC Mimosas d'Abidjan, couvé par Jean-Marc Guillou, a connu une belle carrière outre-Manche. Entre 2002 et 2016, il a porté successivement les maillots d'Arsenal, Manchester City et Liverpool. Le défenseur central des Éléphants de Côte d'Ivoire, champion d'Afrique en 2015, n'était dénué ni de talent ni d'abnégation, notamment pour suivre sa routine, quoi qu'il en coûte. Au début du match ou à la mi-temps, il mettait un point d'honneur à sortir du vestiaire une fois que tous ses coéquipiers avaient pénétré sur la pelouse. Cette superstition lui a cependant porté préjudice à une reprise au moins. Le 24 février 2009, en huitième de finale aller de la Ligue des champions, les Gunners affrontent l'AS Roma. Kolo Touré est capitaine. À la pause, les Anglais mènent 1 à 0 sur leur terrain du nord de Londres. Mais au moment de la reprise du jeu, les joueurs d'Arsène Wenger ne sont que 9 ! William Gallas, légèrement blessé, est soigné par le staff et Kolo Touré attend tranquillement que le Français reprenne sa place pour en faire de même. Mais l'Ivoirien pénètre sur la pelouse sans autorisation et l'arbitre danois lui inflige un carton jaune ! Ce moment gênant reste tout de même un bon souvenir : « Le côté positif, c'est que j'ai appris une nouvelle règle », avouera le superstitieux. Arsenal ira cette année-là jusqu'en demi-finale de l'épreuve. Avec Kolo Touré en chef de file.

RIO FERDINAND

La peur de perdre

Lors d'une conférence à l'Oxford Union Society, l'un des plus anciens syndicats universitaires de Grande-Bretagne, Rio Ferdinand détaillait les rituels d'avant-match qu'il suivait lors de sa longue carrière, riche de cinq championnats et une Ligue des champions avec Manchester United, de 81 sélections avec l'Angleterre. De son petit déjeuner à la sieste, en passant par son entrée sur le terrain, sa journée de compétition était réglée comme une partition ésotérique : « Ne me demandez pas pourquoi », dit-il plusieurs fois pendant ce monologue de cinq minutes face à des étudiants parfois hilares. Le jeune retraité (il s'est retiré en 2015) se confie à cœur ouvert, sourire aux lèvres, sans se leurrer sur le ridicule, parfois, de sa routine. Il explique par exemple qu'il se bandait la jambe et la cheville gauche alors qu'il n'en avait pas besoin.

Ferdinand apportait un soin particulier aux derniers instants avant la rencontre, et précisément à celui qui marque l'entrée sur la pelouse, celle du stade d'Old Trafford surtout, surnommée le « théâtre des rêves » ! Lorsqu'il n'était pas capitaine, et donc tenu de pénétrer en première position, Ferdinand choisissait sa place derrière le gardien de but, au troisième rang de la file des joueurs : « Si quelqu'un essayait de prendre cette place, je le repoussais du bras. » Puis, avant de franchir la ligne blanche, toujours du pied droit en premier, il s'aspergeait le visage avec une bouteille d'eau et sprintait jusqu'au poteau de corner.

Cependant, le franchissement de la ligne n'était pas anodin. Ce costaud de 1,90 m nourrissait une phobie à l'égard de la craie et il sautait au-dessus pour ne pas la toucher. Rio a confié qu'il craignait que la poudre blanche n'aspire son talent ! Contrairement à quelques-uns de ses collègues, le Londonien n'était pourtant pas connu pour sa consommation de stupéfiants.

« J'ÉTAIS INCROYABLEMENT SUPERSTITIEUX CAR J'AVAIS TELLEMENT PEUR DE NE PAS GAGNER. »

Rio Ferdinand

MARCELO

Bon pied, bon œil

Ce joueur est aussi célèbre pour ses facéties et sa bonne humeur que pour son palmarès majuscule en Europe. L'arrière gauche brésilien a remporté 5 Ligues des champions avec le Real Madrid où il a joué pendant 16 saisons consécutives et décroché 6 titres de champion. Un cador. Natif de Rio de Janeiro, Marcelo a comme beaucoup de ses compatriotes une forte inclination pour la chose religieuse mais une seule superstition connue : le défenseur carioca pénètre toujours sur un terrain avec le pied droit en avant. Que ce soit pour un match ou un entraînement, d'ailleurs. Lors de la Coupe du monde 2018 en Russie, cette habitude a donné lieu à une scène cocasse racontée par le sélectionneur lui-même. Tite a bien ri en racontant aux journalistes qui suivaient la Seleçao à Rostov-sur-le-Don comment le Madrilène avait opéré un brusque demi-tour après être entré sur le terrain du mauvais pied ! Interrogé sur cette volte-face, Marcelo a déclaré en riant : « Tout le monde aime se lever du pied droit, non ? Moi, c'est pareil. » Le Brésil sera éliminé en quarts de finale par la Belgique. Marcelo a quitté le Real Madrid et effectué un retour triomphal dans le club de ses débuts, Fluminense, qu'il a aidé à remporter la première Copa Libertadores de son histoire en 2023. À 35 ans, il prend toujours son pied.

« TOUT LE MONDE AIME SE LEVER DU PIED DROIT, NON ? MOI, C'EST PAREIL. »

Marcelo

8
7
6

PENDANT LA COMPÉTITION

Qu'il soit appelé le « rectangle vert », le « court central », le « gazon », le « ring » ou le « parquet », le terrain n'appartient qu'à eux. Quand débutent la longue attente de l'échauffement puis le scénario minuté de la compétition, les athlètes de haut niveau s'approprient enfin l'aire de jeu. Au centre de toutes les attentions, c'est leur territoire, leur zone de combats. Ils en connaissent les pièges, en tendent certains, en déjouent d'autres. Rien n'est laissé au hasard quand il s'agit d'être maître du terrain. Tout a été préparé pour la victoire. Il reste le petit plus qui fait croire au meilleur. Uriner sur la pelouse, y jeter du sel, aligner ses bouteilles d'eau devant le banc, toucher ses poteaux ou dessiner sur le sol : il faut apprivoiser les lieux. Chaque centimètre carré de pelouse, de terre battue ou de parquet devient un ami. Il n'y a plus de place pour le doute. On est dans le match, on y croit. Ce n'est pas un voyage en terre inconnue puisqu'ils ont tout prévu. Ou presque.

perrier

RAFAEL NADAL

TICS EN STOCK

S'il existait une unité de mesure, un mètre étalon de la routine sportive, Rafael Nadal aurait de bonnes chances de l'incarner. La description et l'analyse des manies du « taureau de Manacor » noircissent des centaines voire des milliers de pages. Avec une question récurrente : s'agit-il de superstitions ?

L'homme aux 22 titres du Grand Chelem y a en partie répondu dans son autobiographie parue en 2011 : « Si c'était de la superstition, pourquoi continuerais-je à faire la même chose encore et encore, que je gagne ou que je perde ? C'est une façon de me placer dans un match, d'ordonner mon environnement pour correspondre à l'ordre que je recherche dans ma tête. » Démenti commun d'un athlète qui ne l'est pas. En effet, si quelques sportifs nous ont confié que leurs habitudes pouvaient changer en fonction de l'issue d'un match, la plupart conservent leurs rituels en dépit du résultat.

Le cas Nadal constitue à cet égard un modèle du genre. Sur la durée d'abord. Depuis son premier titre en Coupe Davis en 2004, l'Espagnol règne sur le tennis mondial depuis vingt ans, même s'il a partagé le trône avec Federer, Djokovic ou Murray, et l'a parfois abandonné pour cause de blessures. Mais surtout, au cours de toutes ces années de domination et de surmédiatisation, les pratiques « nadaliennes » se sont épanouies au grand jour, sous l'œil des caméras et souvent en direct. Si les superstitions revêtent parfois un caractère secret et se déplient dans l'intimité d'un vestiaire, chez Nadal, tout est public, la routine est ouverte. Sauf la douche glacée qu'il s'inflige quarante-cinq minutes avant l'affrontement. Pour « entrer dans un nouvel espace où je sens grandir ma puissance et ma résilience », explique-t-il.

← Rafael Nadal aligne les bouteilles et empile les manies.

QUELLE QUE SOIT LA DURÉE DU MATCH, L'ANCIEN NUMÉRO 1 MONDIAL NE DÉROGERA JAMAIS À SES HABITUDES.

Le plus maniaque du circuit

L'une des habitudes les plus spectaculaires de Nadal lui sert à impressionner son adversaire autant qu'à se mettre lui-même en condition. Dans l'antichambre du court, juste avant d'entrer, le Majorquin bondit comme un diable et s'adonne à une séance de *shadow tennis* – ces coups sans balle, avec ou sans raquette – qui instaure déjà un rapport de force physique, mental... et auditif. Quand il pénètre sur le terrain, il a toujours en main une raquette. Il pose ensuite son sac qui en contient cinq autres, retourne son accréditation pour que la photo soit visible et range ses petites affaires en attendant que l'arbitre et l'adversaire soient prêts pour le tirage au sort (le toss). Une fois que la pièce de monnaie a désigné qui des deux joueurs servira ou recevra le premier, Nadal sprinte vers la ligne de fond. Le match n'a pas encore débuté qu'un paragraphe entier a été consacré à ses rituels. Et cela ne fait que commencer. Car quelle que soit la durée du match, l'ancien numéro 1 mondial ne dérogera jamais à ses habitudes. Il y en aurait dix-neuf, selon certains spécialistes, qui valent à Nadal la réputation du joueur le plus maniaque du circuit et peut-être même de l'histoire.

CE CÉRÉMONIAL PEUT SE RÉPÉTER UNE CENTAINE DE FOIS PAR MATCH, NOTAMMENT LORSQU'IL RÉCEPTIONNE LE SERVICE ADVERSE.

Tics et « toc »

La plus visible est une véritable chanson de geste lorsqu'il s'apprête à servir. D'abord saisir la serviette-éponge. Puis s'essuyer le bras gauche, le droit, puis le visage. Toujours dans cet ordre. Faire rebondir la balle. Tirer sur son short, ajuster le chandail par les épaules puis passer les doigts sur les ailes du nez, les sourcils et derrière les oreilles. Visualiser la cible. Faire rebondir cinq ou six fois. Tout cela filmé en gros plan et cela dure... cela dure longtemps, à la limite des vingt-cinq secondes entre chaque point autorisées par le règlement... et souvent au-delà, provoquant cette remarque amère de Roger Federer : « Je ne comprends pas que Rafa puisse jouer quatre heures sans prendre un seul avertissement. » Ce cérémonial peut se répéter une centaine de fois par match, notamment le tirage du fond de short que le roi de Roland-Garros effectue également lorsqu'il réceptionne le service adverse. « C'est parce que j'ai un gros cul », a-t-il répliqué à un journaliste. On n'est pas obligé de le croire au vu de sa vélocité et de la précision de son jeu de jambes. Car ses déplacements sont millimétrés même quand il ne court pas après la balle : toujours éviter de marcher sur les lignes blanches, et le pied droit en premier pour les franchir.

Nadal apporte aussi un soin tout particulier à ses temps de repos. Comme une chorégraphie au ralenti qui met en scène une serviette, encore, une banane et deux bouteilles. Le placement et la manipulation de ces bouteilles répondent à des normes immuables : le duo plastique est posé entre les jambes, étiquettes face au terrain, perpendiculairement, au centimètre près. Nadal boit d'abord dans la première (qui peut être une boisson énergétique), elle est tiède, puis dans la seconde, la plus fraîche. L'ordre ne varie jamais et les contenances sont exactement les mêmes car les gorgées sont symétriques. Comme les chaussettes qui doivent enserrer le mollet à la même hauteur de chaque côté. La psychologue Guylaine Baroz, interrogée par le site *We Love Tennis* estime que « tirer sur son slip est un tic. [...] En alignant ses bouteilles, il délimite son espace. Et lorsqu'il boit dans un ordre défini, c'est un TOC (trouble obsessionnel compulsif) : le caractère arithmétique lui permet de garder le contrôle ». Mais cela peut le faire perdre à ses concurrents. C'est arrivé à Marinko Matosevic, à Monte-Carlo en 2013. Alors qu'il vient d'essuyer un passing de coup droit le long de la ligne qui permet à Nadal de mener 6-1, 5-2, l'Australien craque et, au changement de côté, détruit le bel ordonnancement des bouteilles du tenant du titre d'un coup de pied rigolard. Nadal, qui a patiemment attendu que son adversaire franchisse le filet (autre rituel sacré), reçoit l'offense d'un sourire narquois vers son entraîneur installé en tribunes. Interrogé sur cette agression minérale, l'Espagnol dira simplement : « Cela ne m'a rien fait. C'était drôle. Il pensait peut-être que cela affecterait ma concentration. Mais c'est une routine pour moi. La seule chose que j'ai faite, c'est de remettre ensuite les bouteilles à la bonne place. » Cette année-là, Nadal se qualifie pour sa 9e finale consécutive sur le Rocher mais s'inclinera en finale face à Novak Djokovic. Personne n'imagine que le shoot de Matosevic lui a porté la poisse. Sauf les superstitieux.

« C'EST PARCE QUE J'AI UN GROS CUL. »

PATRICK ROY
PREMIER DE LA GLACE

Dix-huit années de carrière partagées entre le Canadien de Montréal et les Colorado Avalanche, quatre Coupes Stanley, le trophée qui sacre la meilleure équipe de hockey sur glace nord-américaine, Patrick Roy est une légende de son sport. Avant qu'il décide d'« accrocher les patins », comme on dit dans son Québec natal pour parler du départ à la retraite, le gardien de but canadien n'était pas « niaiseux avec la puck ». Il a mouillé le « chandail » pour « goaler ». Son efficacité redoutable face aux tirs des attaquants, sa présence devant la cage, ses inspirations pour se coucher sur la « rondelle », il était toujours en feu sur la glace.
La carrière de Roy se nourrit de ses exploits et du récit de ses petites superstitions dont il a confessé, au fil des saisons, l'importance. La star du Colorado évitait toujours de patiner sur les lignes bleues qui coupent la patinoire au milieu ainsi que sur la rouge au centre. Chacune d'elles mesurant 30 centimètres de large, à son entrée en jeu comme en quittant la patinoire, Roy restait vigilant. Une fois posé devant sa cage, momifié dans sa tenue de gardien pesant plus de 10 kg – dont il avait pris soin au vestiaire d'enfiler tous les éléments un par un selon un rituel immuable –, le Canadien devenait une muraille. Mieux, un preux chevalier défendant son château. Il avoua d'ailleurs qu'il lui arrivait assez souvent de parler à ses poteaux (voir p. 85). « Ce sont quand même mes meilleurs potes sur la glace, non ? » dit-il. Prêts à prendre tous les coups comme le gardien. Frères d'armes.
Roy n'était pourtant pas seul face à la charge des crosses adverses. Régulièrement, dans sa carrière, il prit soin d'inscrire les prénoms de ses trois enfants à l'intérieur de ses hautes jambières, ces protections extérieures qui préservent des coups de palet. Aussi bien armé, il ne pouvait rien lui arriver de grave.

LA STAR DU COLORADO ÉVITAIT TOUJOURS DE PATINER SUR LES LIGNES BLEUES QUI COUPENT LA PATINOIRE.

ET MARIO KEMPES SE RASA

En juin 1978, Mario Kempes, buteur de la sélection argentine, porte le numéro 10 et la moustache. Comme le général Jorge Videla, chef de la junte militaire qui règne sur l'Argentine depuis 1976. Kempes, l'attaquant de la sélection dirigée par César Luis Menotti, est en mission : l'Albiceleste doit gagner la Coupe du monde organisée à la maison ! Devoir national auquel le buteur du FC Valence s'attache avec foi. Ça ne suffit pas. Après les trois matchs du premier tour, dont un succès sur la France (2-1), Mario est aphone. Zéro but. Menotti, meneur d'hommes, sait lui parler, le rassurer. Et, presque par défi, il lui dit que s'il rase sa moustache, tout ira mieux. Kempes y croit et s'exécute avant d'entamer le second tour du Mundial. Au match suivant, contre la Pologne, Kempes marque les deux buts de la victoire (2-0). Un triste nul contre le Brésil (0-0) suit. Reste la troisième rencontre, décisive, contre le Pérou. L'Argentine doit cartonner pour améliorer son *goal-average* et s'offrir une place en finale. Face au Pérou et à l'infortuné gardien Ramon Quiroga, Argentin naturalisé Péruvien quelques mois plus tôt, Kempes et les Argentins cartonnent. 6-0. Deux buts de super Mario. Reste la finale face aux Néerlandais. L'Albiceleste est portée par le peuple qui a envahi le stade Monumental. La prolongation a fait croître le suspense, et Kempes marque encore deux fois. Victoire 3-1. Le meilleur buteur du Mundial, toujours glabre, est à la tribune d'honneur pour être félicité par le moustachu Videla.

À POILS, LES NANTAIS

Le 11 février 1979, le FC Nantes entame une nouvelle campagne de Coupe de France par une victoire (8-0) contre les amateurs de Beauvais. Au stade des trente-deuxièmes de finale, on garde son calme dans un club qui a déjà perdu trois finales. Le FC Nantes de Jean Vincent et Jean-Claude Suaudeau régale en championnat mais trébuche dans les matchs de Coupe. Mystère. Il faut un déclic. Bruno Baronchelli, attaquant, propose à chacun de ne pas se raser la moustache ou la barbe tant que l'équipe n'est pas éliminée. Junior, il a éprouvé le pari en gagnant la Coupe Gambardella avec Nantes en 1974. Tous ne sont pas égaux devant l'effort pileux mais personne ne flanche. Nantes avance, tour après tour, barbes et moustaches poussent, jour après jour. Nous voilà quatre mois plus tard, le 16 juin au Parc des Princes, avec une équipe nantaise, 2e du championnat, toujours dans le jeu et accrochée à sa pilosité touffue. Le bonheur est dans le poil : au terme d'une interminable finale, remportée après prolongation (4-1), Nantes gagne enfin son premier trophée face à Auxerre, champion de D2. « C'était un pari, se souvient Bruno Baronchelli en riant. Bon, ça n'allait pas à tout le monde. On s'est tous rasés dans le vestiaire du Parc des Princes après le match. Même ma femme ne m'a pas reconnu sans ma moustache. »
L'affaire des barbus nantais est née. Et voilà que d'autres équipes, amateurs ou pros, se prennent au jeu. Rarement avec succès. En 1983 et 1993, d'autres Nantais se sont laissé tenter. Ils ont atteint la finale, le visage plus ou moins mangé par la barbe. Sans réussite.

EVA SAMKOVA PORTE LA MOUSTACHE

Eva Samkova est une jeune snowboardeuse dotée d'une belle descente, ce qui lui permet d'être montée sur tous les podiums des compétitions majeures de sa discipline. La championne Tchèque a atteint des sommets en remportant l'or olympique à Sotchi en finale du snowboardcross. Un long parcours où il faut aller vite, sauter loin, et tenir sa trajectoire dans les runs. Eva a remis ça aux Jeux à Pyeongchang en Corée du Sud avec une médaille de bronze. Samkova s'est fait un nom et un visage dans la communauté snowboard pour son talent, mais aussi pour la fine moustache qu'elle se dessine au feutre avant chaque compétition. Elle l'a fait pour la première fois aux Mondiaux en 2011 à La Molina (Espagne). Alors la plus jeune des vingt-huit participantes, elle se classe cinquième. « Ça m'a porté chance », juge-t-elle. Elle remet ça régulièrement. La moustache fait parler, son palmarès aussi. À Sotchi, cette fois aux Jeux, la Tchèque est médaillée d'or. Elle a peint sa moustache aux couleurs tricolores de son drapeau national. « C'est comme un porte-bonheur », dit-elle avec un large sourire.

QUIZ!?

OH, LA BARBE !

La première fois que j'ai gagné Wimbledon, quelques jours avant la compétition j'avais décidé de ne plus me raser la barbe jusqu'à mon élimination. Ça m'a réussi. J'ai recommencé les années suivantes avec le même succès. Qui suis-je ?

1. Rod Laver.
2. John McEnroe.
3. Illie Nastase.
4. Björn Borg.
5. John Newcombe.

Voir la réponse en p. 169.

Les protège-tibias d'Ander Herrera

Le football est un jeu. Pour les professionnels, c'est aussi un métier où l'on se rend coup pour coup. Ander Herrera, milieu de terrain espagnol international, passé par le Real Saragosse, l'Athletic Bilbao, Manchester United et le Paris Saint-Germain, peut en témoigner. Le Basque a éprouvé dès ses débuts la rugosité de l'engagement. À 10 ans, il portait sa paire de protège-tibias comme une armure. Elle a accompagné son ascension, et lui n'a jamais oublié de les déposer dans son sac avant chaque match. Ander a grandi, et les mêmes protège-tibias ont voyagé. Un véritable porte-bonheur. En 2019, il rejoint le Paris Saint-Germain pour entamer à l'été la préparation d'avant-saison. Parti rapidement pour la reprise, l'ancien Mancunien s'aperçoit qu'il a oublié ses protège-tibias magiques à Saragosse. Catastrophe ! « J'ai aussitôt envoyé l'un de mes amis à la maison pour aller les chercher et je lui ai demandé de me les adresser par courrier en urgence », raconte Ander. La paire est arrivée à temps. Herrera a finalement joué 96 matchs en quatre saisons parisiennes.

Richard Gasquet, l'enfant de la balle

Richard Gasquet a dépassé le chiffre phénoménal de 1 000 matchs de tennis joués sur le circuit ATP. On s'évitera de compter le nombre de balles frappées durant une aussi longue carrière. Et pourtant le champion biterrois a un rapport particulier avec les petites balles jaunes qui ont accompagné tous les rebonds de sa brillante carrière. Superstitieux, Richard, s'il remportait un point, aimait demander que la balle gagnante lui revienne immédiatement afin de pouvoir jouer le point suivant avec cette même balle. Une exigence qui a parfois provoqué quelques incompréhensions et des petits agacements chez ses adversaires, et qui a mis la pression sur les ramasseurs de balle autour du court. Pas de temps mort. Service à suivre...

Très vite, à chaque arrêt de jeu, un assistant courait vers lui avec son coupe-ongles pour le soulager.

Mike Bibby, l'ongle d'Amérique

Bibby, joueur professionnel de 1998 à 2012, a bourlingué sur les parquets de la NBA sans accumuler les titres mais pas sans se construire une belle réputation. Des Vancouver Grizzlies jusqu'aux New York Nicks en passant par Sacramento, Atlanta, Washington et Miami, il a fait son numéro. Très attaché au 10, il a dû l'abandonner quand il a rejoint les Washington Wizards. Il choisit alors le 00 puis le 0 quand il file au Miami Heat et enfin le 20 à son arrivée à Washington. Zéro pointé pour Bibby ? Le très superstitieux Mike avait une autre astuce pour entretenir son statut de sauveur, réputé pour marquer les paniers à 3 points cruciaux. Stressé par la pression du match, il se rongeait régulièrement les ongles. Un tic qui n'a pas échappé au staff. Très vite, à chaque arrêt de jeu, un assistant courait vers lui avec son coupe-ongles pour le soulager. On ne prend jamais assez soin de ses mains...

SERGIO GOYCOCHEA

L'ENVIE PRESSANTE

À la Coupe du monde 1990 en Italie, Sergio Goycochea, gardien réserviste de l'équipe d'Argentine, était voué à regarder les matchs depuis le banc de touche, là où personne ne fait attention à vous, surtout comme gardien remplaçant. Las, dès le premier match face au Cameroun, le titulaire, Nery Pumpido, est victime d'une fracture de la jambe. À la rencontre suivante, le grand Sergio est sur le terrain et ça lui réussit plutôt bien, son équipe ne perd plus un match du tour puis élimine le Brésil (1-0) en huitièmes de finale. Le voilà en quarts de finale contre la Yougoslavie, et ce match qui n'en finit pas s'étire jusqu'à la prolongation puis la séance de tirs au but à venir. Or le gardien argentin a une envie pressante. Impossible de regagner le vestiaire.

« Vous devez pisser sur le terrain, confiera-t-il plus tard à la presse, il n'y a pas d'autre choix, c'est le règlement. » Et pas d'endroit discret. Comment faire ? L'équipe d'Argentine, regroupée en cercle au milieu du terrain autour de Maradona devient un surprenant paravent. Au milieu du cercle, Sergio s'exécute puis, soulagé, part dans son but. Hasard ou pas, il stoppe ensuite deux frappes yougoslaves et l'Argentine s'impose. C'est déjà un exploit.

En demi-finales, à Naples, face à l'Italie, pays organisateur, le même scénario se reproduit. Voilà les deux sélections face à face après la prolongation (1-1). Goycochea, superstitieux, décide de répéter son geste et vient pisser au milieu de ses camarades. « J'ai recommencé, et ça a marché », avoue-t-il. L'Argentine est en finale contre l'Allemagne de l'Ouest à Rome. C'est encore une histoire de penalty qui fait basculer la rencontre mais celui tiré par l'Allemand Andreas Brehme est obtenu dans le temps normal. Goycochea n'y peut rien. L'équipe dirigée par Franz Beckenbauer sera championne du monde (1-0).

Le gardien sud-américain, révélation du Mondial, repart au pays avec un statut de titulaire et une anecdote à conter. « Comme ça m'avait réussi deux fois, c'était mon porte-bonheur », poursuit Sergio qui avoue dès lors procéder à son rituel sur le terrain avant chaque match international, entouré de ses coéquipiers. Un an passe et l'Argentine vient disputer en Équateur la Copa America, le championnat sud-américain des nations. En quarts de finale, c'est à nouveau la séance de tirs au but qui doit départager Argentins et Brésiliens (1-1). Sans hésiter, et bien caché, pour le petit besoin d'une grande cause, Goycochea effectue son petit pipi dans le rond central. Puis stoppe le 6e tir brésilien. En demi-finales, il se soulage encore avant la fatidique épreuve contre la Colombie. L'urine sainte fait son effet, le gardien stoppe encore le 6e tir. L'affaire est vite pliée en finale contre le Mexique (2-1) et l'Argentine est sacrée championne d'Amérique du Sud. L'histoire ne dit pas s'il a mis du temps pour satisfaire au contrôle d'urine antidopage après la victoire. On peut toujours y croire.

« VOUS DEVEZ PISSER SUR LE TERRAIN, IL N'Y A PAS D'AUTRE CHOIX, C'EST LE RÈGLEMENT. »

IKER CASILLAS TOUCHE DU BOIS

L'ancien gardien international de la sélection espagnole et du Real Madrid est la référence à son poste dans le football ibérique. De sa ligne de but, il a largement contribué à l'efficacité madrilène et aux conquêtes de la Roja.

Vainqueur de la Ligue des champions avec le Real, champion d'Europe et du monde avec l'Espagne, il a eu l'occasion de fêter tous ces titres et d'entretenir une statistique incroyable : il n'a jamais perdu une finale à laquelle il participait. Efficace devant sa ligne, il répétait un rituel quand, là-bas, devant, ses partenaires marquaient. À chaque but, le Madrilène venait taper la barre de sa cage avec sa main. Son porte-bonheur.

GARY NEVILLE ET JACK GREALISH CHAUSSURES À LEUR PIED

Pour tout footballeur professionnel, la chaussure est un outil de travail qu'il faut respecter puisqu'elle permet tout sur un terrain pendant quatre-vingt-dix minutes. Taille, pointure, cuir, semelle, c'est du travail d'orfèvre. Et bien plus encore... Un objet de vénération, voire de superstition. Prenons Gary Neville, défenseur légendaire et rugueux du grand Manchester United de la fin du siècle dernier, et Jack Grealish, attaquant vedette et fantasque du Manchester City de Pep Guardiola actuellement. Ces deux-là font la paire quand il s'agit de se cramponner à une histoire de chaussures.

Le premier, de peur que la chance ne se retourne contre lui, rejouait toujours avec la même paire si son équipe gagnait. Une bonne habitude qu'il adoptait aussi pour son après-rasage... Le second, buteur en D2 avec Aston Villa en 2019, avait inscrit un superbe but dès son retour de blessure. Superstitieux, il avait conservé la même vieille paire les douze matchs suivants. Résultat : dix victoires, une place en play-offs et, au bout des crampons élimés, la montée en Premier League. Les chaussures, râpées jusqu'à la corde, avaient fait le job. Grealish aurait pu les offrir au musée des Villans. Ça porte bonheur.

LES CHAUSSURES, RÂPÉES JUSQU'À LA CORDE, AVAIENT FAIT LE JOB.

À LA FIN, C'EST LINEKER QUI GAGNE

L'Anglais Gary Lineker est un fabuleux consultant télé. Sa présence sur le plateau de l'émission culte de la BBC, *The Match of the Day*, a fait sa popularité auprès d'un public jeune qui ne l'a sans doute jamais vu jouer. Celui qui fut meilleur buteur du championnat anglais avec Leicester City, Everton et Tottenham – où il arriva après un séjour au FC Barcelone –, mais aussi du Mondial 1986 avec l'Angleterre (80 sélections), est le roi de la punchline. On lui devrait cette repartie mythique sur la réussite du foot allemand des années 1990 : « Le football est un jeu qui se joue à 11 contre 11, et à la fin c'est l'Allemagne qui gagne. » Le grand Gary est tout aussi populaire pour son franc-parler que pour ses analyses sur le jeu. Ainsi il n'a jamais nié qu'il était très superstitieux durant sa carrière.

À l'échauffement, le buteur des Three Lions ne frappait jamais au but. Il craignait que marquer avant la rencontre le prive d'un but durant le match… Pas question de provoquer la chance avant d'en avoir besoin. La réussite l'a pourtant accompagné en club comme en sélection (48 buts), mais là encore Lineker veillait à tous les détails. Si en première mi-temps il n'avait pas marqué, il changeait de maillot pour jouer la seconde. Rassuré ? Pas encore. Si le grand Gary connaissait la même inefficacité pendant deux, trois ou quatre matchs d'affilée, alors il fallait agir. Le buteur filait aussitôt chez le coiffeur pour s'offrir une nouvelle coupe de cheveux.

QUIZ !?

DESSINE-MOI UN…

Lors des Jeux olympiques de la Jeunesse à Lausanne en 2020, la superstar du ski acrobatique chinois Gu Ailing Eileen a remporté l'épreuve de Big Air avant d'avouer avoir dessiné un animal porte-bonheur sur sa main. « Je suis très superstitieuse même si je sais que ce n'est pas bien de se cramponner à ce genre de chose, pour des compétiteurs. Je regardais ces symboles porte-bonheur et cela m'a calmée », confia l'athlète sino-américaine, née à San Francisco mais de nationalité sportive chinoise. « Si je monte sur le podium lors des Jeux olympiques de Pékin, je me ferai tatouer cet animal porte-bonheur. » Deux ans plus tard, elle a raflé deux médailles d'or dans la capitale chinoise. Savez-vous de quel animal Gu Ailing Eileen parlait ?

1. Un aigle.
2. Une colombe.
3. Un chat.
4. Un puma.
5. Un ourson.

Voir la réponse en p. 169.

Tocs en stock

Fabien Lamirault

Membre de l'équipe de France handisport de tennis de table, Fabien Lamirault est en train de marquer l'histoire de son sport. Tétraplégique à la suite d'un accident de la route, pratiquant sa discipline en fauteuil roulant, il a été quatre fois champion olympique en individuel et par équipe à Rio puis à Tokyo, trois fois champion du monde... Compétiteur hors pair, il a un point commun avec les plus illustres sportifs de l'ère moderne : comme Nadal avant de servir, Cristiano Ronaldo avant de tirer un coup franc ou le basketteur LeBron James avant d'entrer en jeu, Fabien Lamirault s'adonne à des rituels qu'il associe à des TOC, des troubles obsessionnels compulsifs.

Indissociable du sportif de haut niveau, la routine accroît le sentiment de contrôle dans le domaine de toutes les incertitudes. Il s'agit alors de quitter un état de confiance ordinaire. Cette séquence mentale qui s'exerce le plus souvent avant l'exécution d'un geste technique aide l'athlète à canaliser le stress et renforce sa confiance en éliminant les pensées négatives. La routine se distingue de la superstition, un comportement qui n'a pas de vocation technique pour la réalisation d'un geste même s'il est censé maîtriser la chance ou d'autres facteurs externes.

« JE COMMENCE PAR MA ROUTINE TRADITIONNELLE DU VESTIAIRE, MA ROUTINE DE BASE. JE ME METS EN TENUE, J'ENFILE SHORT ET TEE-SHIRT, CELA DURE UNE DIZAINE DE MINUTES. »

Êtes-vous superstitieux ?

Non, pas du tout, qu'il s'agisse des chiffres, des couleurs ou d'un caleçon préféré, ce n'est pas mon truc. En revanche, j'ai plusieurs routines lors des compétitions.

Il y a tout un rituel ?

Je commence par ma routine traditionnelle du vestiaire, ma routine de base. Je me mets en tenue, j'enfile short et tee-shirt, cela dure une dizaine de minutes. J'entre alors dans mon personnage, celui qui va pénétrer dans l'aire de jeu, celui qui me permet de me déconnecter de tout ce qui s'est passé avant et de me focaliser sur la tâche à accomplir. C'est un sas, non pas de décompression, mais de pression. Un moment clé. C'est seulement après cette phase que je me sens prêt à aller au combat.

Vous vous transformez ?

Oui, je me mets dans le rôle de compétiteur, de guerrier. Quand je ressors du vestiaire, je n'ai plus le même visage. Ce personnage a fait de moi l'athlète que je suis aujourd'hui. J'ai plus de dix ans de carrière de haut niveau derrière moi. Je pratique un sport technique mais mes adversaires, mes partenaires ou mes entraîneurs vous le diront, ce qui me fait gagner ce n'est pas un geste technique en particulier mais mon mental, mon côté guerrier, c'est ce qui fait ma force.

Et sur l'aire de compétition ?

Face à la table, j'ai des rituels qui sont peut-être des TOC. En ce qui me concerne, je n'ai pas besoin de préparateur mental en amont de la compétition. J'ai rencontré deux préparateurs. Une fois lors d'un stage en équipe de France. Il s'agissait de quelqu'un de réputé, notamment auprès des tennismen. Il est venu nous présenter l'activité. Je me suis beaucoup reconnu dans son discours. En fin de séance, nous avons discuté pendant dix minutes. Il en a conclu que je savais à peu près ce que j'avais à faire et que je n'avais pas forcément besoin de lui. J'ai trouvé ça un peu étrange, mais j'ai poursuivi seul de mon côté, sans ressentir de manque. J'ai travaillé tout seul pour être le plus concentré possible. Quelques années après, j'ai rencontré un deuxième préparateur mental. Après deux rendez-vous, son bilan était le même. Je n'avais pas besoin de travailler sur le mental.

Qu'avez-vous développé en travaillant sur vous-même ?

J'ai travaillé sur de la gestuelle, de la vision, en me recentrant sur des choses importantes. Qui sont devenues des rituels. Je suis tétraplégique, je joue avec la main droite attachée à la raquette. Ma main gauche est libre, c'est elle qui tient la main courante du fauteuil et qui aide à la stabilisation. Avant de servir ou de recevoir, je l'actionne systématiquement pour qu'elle fasse un tour de roue minimum, cela peut aller jusqu'à cinq. Ce geste me permet de garder un taux de concentration optimal. Ensuite, quand je suis au service, après avoir effectué mon ou mes tours de roue, je fais rebondir la balle trois fois au sol. Pas deux fois ni quatre fois, toujours trois. Ces trois rebonds sont essentiels. Dans les grandes compétitions, j'effectue toujours un repérage pour savoir si le revêtement va permettre à la balle de rebondir correctement. Je me revois aux Jeux de Rio. Quelques jours avant les matchs je suis allé faire un tour à la salle avec une balle dans la poche pour la faire rebondir au sol. Il y avait quatre tables pour les joueurs en fauteuil. J'ai fait rebondir ma balle de chaque côté. J'étais satisfait de voir que ça rebondissait partout.

Le dernier truc qui m'aide à rester concentré, personne ne peut le remarquer : c'est ma vision qui se dirige sur un point précis. De l'autre côté du filet, je fixe la ligne médiane et la zone où elle forme une sorte de T lorsqu'elle rejoint le fond de table. Je fixe ce point pendant une ou deux secondes. C'est très furtif mais cela m'aide à ne pas m'égarer, en regardant à droite ou à gauche. Ce rituel, je l'ai élaboré à l'entraînement où j'avais parfois des baisses de concentration. Puis je l'ai transposé en compétition. Comme par magie, le fait de fixer ce point m'aide à me recentrer immédiatement. Cela a plus d'effet pour me ramener à l'instant présent que de faire tourner la roue ou de faire rebondir la balle trois fois. Dans un sport de confrontation directe, il ne faut pas s'égarer.

Comment expliquez-vous ces différents rituels ?

On y trouve une zone de confort, des certitudes. J'ai toujours été fan de tennis. Nadal, c'est l'exemple type. Il a l'habitude de répéter sans arrêt les mêmes gestes pour évacuer le stress ou rester dans sa bulle. Il en a même ajouté au fil de sa carrière. Moi, quand je prends part à une compétition, ce n'est pas pour participer, tout le monde le sait. J'y vais pour aller au bout, pour gagner. Mais c'est un long chemin semé d'embûches. Tous mes gestes me procurent un confort permanent et m'évitent d'être submergé par des émotions négatives.

« ON Y TROUVE UNE ZONE DE CONFORT, DES CERTITUDES. »

En moins obsessionnel peut-être, vous reconnaissez-vous en Rafael Nadal ?

J'adore ce joueur, en tennis il est mon joueur phare. Quand je gagne un point je dis très facilement « *vamos* » comme il le fait. On a des similitudes dans le côté guerrier et le côté démonstratif. Sur ce plan, je suis beaucoup plus Nadal que Federer. Je ne suis pas du genre à rester stoïque, calme, un peu froid. Je suis plutôt sanguin et encore plus quand il y a de l'enjeu dans les grandes compétitions.

↑ Les White Sox avant la malédiction : match d'exhibition à Colombes en 1924 entre Chicago et New-York.

BASE-BALL, TERRE DE SUPERSTITIONS

Le base-ball, discipline à la lenteur légendaire et aux règles parfois obscures codifiées au milieu du XIXe siècle, a connu une médiatisation rapide et une immense popularité, même s'il reste un mystère pour une grande partie de la planète. Sport national aux États-Unis, il représente le Nouveau Monde comme la bannière étoilée ou le burger-frites : un pilier de la culture populaire et de l'identité américaine. La création de ce jeu a été officiellement attribuée par le Congrès des États-Unis à Alexander Cartwright en 1845. La même année apparaissait, sous la plume d'un journaliste new-yorkais, l'expression « destinée manifeste » (*manifest destiny*) qui désigne la certitude que la colonisation du continent (voire du monde) est une mission sacrée confiée aux pionniers anglo-saxons. Coïncidence ? Peut-être… mais dans les deux cas, la croyance est devenue un ciment puissant pour les citoyens américains. Et, pour le base-ball, une source inépuisable de bizarreries drolatiques.

LES MAUDITS DE LA BATTE

Toutes les équipes, quel que soit le sport, vivent un jour avec le sentiment d'une malédiction. La plupart du temps, il est propagé et accentué par des journalistes ou des supporters sensibles à l'ésotérisme, aux forces de l'esprit ou au canular. Les longues périodes de défaites ou d'incapacité à remporter des trophées laissent libre cours aux explications tortueuses. Comme un besoin de faire des phrases. Et il est toujours plus réconfortant de chercher des raisons occultes aux échecs répétés plutôt que de blâmer la malchance, l'incompétence ou l'incertitude du sport qui serait, paraît-il, glorieuse. Dans ce domaine, le base-ball touche au sublime.

LA MALÉDICTION DU BAMBINO

Cette histoire raconte l'une des rivalités les plus intenses du sport US, celle qui oppose les Red Sox de Boston aux Yankees de New York, deux mastodontes. Elle porte le surnom de la légende absolue du base-ball outre-Atlantique : le Bambino.
C'est l'un des alias de Babe Ruth, que les Américains considèrent comme le plus grand joueur de tous les temps. Surnommé aussi « The Mass », Ruth commence sa carrière à Boston. Il est le lanceur titulaire d'une équipe qui remporte trois championnats, le dernier en 1918. Mais en 1920, le propriétaire des Red Sox vend son meilleur joueur à l'ennemi juré new-yorkais. Sous la casquette bleue aux initiales blanches, Ruth contribue à élever les médiocres Yankees au rang d'une dynastie ultradominante : quatre titres entre 1923 et 1932 pendant que les Red Sox sont au régime sec, alors qu'ils en ont gagné cinq auparavant. Pire : New York s'impose à 26 reprises dans les World Series, la finale de la Ligue de base-ball. Une malédiction pour les Bostoniens, qui enchaînent les déconvenues. La cession de Ruth devient le point de départ d'une disette lancinante et d'un refrain cruel : la malédiction du Bambino, qui durera bien après sa disparition, en 1948.

Inverser la malédiction

Pendant quatre-vingt-six ans, le fantôme de Ruth va planer au-dessus de Fenway Park, le stade des Red Sox. Les défaites les plus amères, les finales gâchées, sont toutes attribuées à la « catastrophe de 1920 » par les fans qui tentent de contrecarrer le funeste sort. Un supporter emporte une casquette des Red Sox au sommet de l'Everest, un autre en brûle une à l'effigie des Yankees dans leur camp d'entraînement, des recherches sont lancées pour retrouver un piano que Ruth aurait jeté dans un étang près de sa ferme. Un ancien joueur propose d'exhumer le corps de Ruth et de lui présenter des excuses sur la pelouse de Fenway Park.
La malédiction de Bambino est devenue au fil des ans un élément de la culture bostonienne. À tel point que, sur le Longfellow Bridge qui surplombe la Charles River, un graffiti transformant le panneau de signalisation « *reverse curve* » (virage inversé) en « *reverse the curse* » (inverser la malédiction) a été laissé en place pendant trente-trois ans ! En 2004, le gouverneur de l'État, Mitt Romney, blouson des Sox sur le dos, s'est offert un joli coup de pub en faisant mine d'aider les services de la ville à décrocher le panneau. Car, oui, cet automne-là, Boston remportait enfin le championnat nord-américain !

↑ George Herman « Babe » Ruth avec le boxeur allemand Max Schmeling en 1931.

Les dents du bonheur

Pour certains amateurs d'épisodes surnaturels, la malédiction aurait en fait pris fin quelques semaines auparavant, le 31 août 2004. Un jour de fête pour Lee Gavin, 16 ans, débarqué au stade en limousine pour célébrer l'anniversaire d'un ami. Ce supporter des Red Sox assistait tranquillement au match de ses favoris face aux Angels d'Anaheim lorsqu'une balle frappée par Manny Ramirez prit la direction de son siège. Comme tout bon spectateur de base-ball, le jeune homme se précipite mais le projectile lui échappe et termine sa course dans son visage. Bilan : deux dents à terre, la face ensanglantée et un retour en ambulance. Quelques jours plus tard, un journaliste du *Boston Globe* va révéler une incroyable coïncidence derrière le martyre de l'adolescent. Gavin vit en effet dans une ferme de la région qui fut au début du siècle la demeure d'un certain Babe Ruth, le Bambino ! Par ailleurs, le soir de l'incident, les Yankees subissaient à domicile la plus lourde défaite de leur histoire vieille de cent un ans ! 22 à 0 face aux Indians de Cleveland... La suite du scénario donne du crédit à cette interprétation farfelue car après avoir été menés 3-0 dans la finale de l'American League face à leur rival new-yorkais, les Red Sox ont réussi à s'imposer, après une remontada inédite de quatre victoires consécutives, les deux dernières au Yankee Stadium, l'enceinte construite en 1923 et surnommée « *The House that Ruth Built* » (« La maison construite par Babe Ruth »). Puis, le 27 octobre 2004, Boston balaye les Cardinals de Saint-Louis 4 à 0 pour s'offrir un titre attendu depuis quatre-vingt-six ans.
Selon le révérend Darell Berger, homme d'Église et supporter des Red Sox, interrogé par Dan Shaughnessy dans son livre *The Curse of the Bambino*, la vente de Ruth « a rompu la confiance entre les propriétaires et les fans et elle ne s'est jamais rétablie. Une malédiction, c'est aussi une manière populaire d'expliquer l'inexplicable [...]. Il en va de même pour l'Ancien Testament ».

LA MALÉDICTION DU BOUC DE BILLY

Le fléau a longtemps pesé sur une autre franchise historique de la ligue américaine, les Cubs de Chicago. Ici, c'est un spectateur en colère qui a voué aux gémonies son club de cœur. Sale histoire ruminée pendant soixante et onze ans.
Le 6 octobre 1945, William Sianis prend place dans les tribunes du Wrigley Field pour assister au quatrième match de son équipe, victorieuse de la National League, qui affronte les Tigers de Détroit issus de l'American League. C'est la finale du championnat, les World Series, qui désignera au meilleur des sept rencontres le numéro 1 de la Ligue. Après les trois premières rencontres, Chicago mène 2-1, la soirée s'annonce belle pour le duo. Ah ! oui, car William est accompagné par Murphy, son fidèle bouc, l'emblème du bar qu'il possède, la Billy Goat Tavern. Plusieurs versions circulent sur le drame qui va suivre : des spectateurs indisposés par l'odeur de l'animal auraient demandé à Billy et Murphy de déguerpir. D'autres affirment que Sianis a dû laisser son compagnon à cornes attaché à un piquet pour être autorisé à entrer. Quoi qu'il en soit, le limonadier furieux prononce ces mots qu'il répétera par courrier au propriétaire de la franchise : « Ces Cubs, ils ne gagneront plus car vous avez insulté mon bouc ! »

« CES CUBS, ILS NE GAGNERONT PLUS CAR VOUS AVEZ INSULTÉ MON BOUC ! »

Les malédictions s'additionnent

La franchise, qui n'a plus été sacrée depuis son doublé de 1907 et 1908, perd effectivement cette finale contre les Tigers, 4 à 3. Mais surtout, ils ne disputeront plus jamais les World Series avant le début du XXIe siècle !

À partir de l'automne 1945, toutes les déconvenues des Cubs dans leur quête de gloire seront attribuées à la malédiction. Les échecs in extremis, les saisons de feu qui se terminent par des erreurs funestes et même les avanies d'autres franchises.

Par exemple en 1986, un ancien joueur de Chicago commet une erreur de débutant et précipite la défaite des Boston Red Sox en finale. Bill Buckner, le fautif, sera photographié juste après la rencontre avec une mitaine des Cubs qu'il portait sous son gant de base-ball ! Ou quand les malédictions s'additionnent ! (Voir p. 118 « La malédiction du Bambino »). En 2003, Chicago passe à deux doigts d'une nouvelle finale... au sens propre : un spectateur en tribune dévie la balle et empêche le défenseur d'effectuer un arrêt de volée pour éliminer le batteur, la chance tourne et les Cubs s'inclinent. Encore raté !

Une chèvre de vingt kilos

William Sianis, avant sa mort, en 1970, tente de briser la malédiction en revenant sur son imprécation. À plusieurs reprises, son neveu, Sam, se rend au Wrigley Field avec un bouc, accueilli comme un prince ! En 2003 (année de la Chèvre selon l'astrologie chinoise), un groupe de supporters tente d'entrer au stade de Houston, concurrent des Cubs, avec un bouc nommé Virgil Homer. Face au refus de la sécurité, les fans déploient un parchemin et prononcent très officiellement l'inversion de la malédiction à l'encontre des Astros texans. Peine perdue car deux ans plus tard Houston est battu en finale par les White Sox de... Chicago, le rival honni de Windy City ! Un prêtre orthodoxe asperge le terrain d'eau bénite en 2008, une tête de chèvre est suspendue à une statue en 2009 et en 2015, un groupe de « mangeurs de compétition » consomme une chèvre de 20 kg en treize minutes dans un restaurant de Chicago. C'est immonde, et ça ne fonctionne pas non plus.

La malédiction est enfin brisée le 22 octobre 2016. Quarante-six ans, jour pour jour, après le décès de William Sianis, les Cubs battent les Dodgers de Los Angeles en finale de la National League et se qualifient pour les World Series qu'ils remportent face à Cleveland, cent huit ans après leur dernier titre. Chicago peut respirer : caprin, c'est fini !

LA MALÉDICTION DU COLONEL

Le base-ball a essaimé dans quelques pays hors des États-Unis, comme Cuba, le Nicaragua, la Colombie ou encore Taïwan et la Corée du Sud. Au Japon, il est devenu de loin le sport le plus populaire. Et les Nippons ont poussé le mimétisme jusqu'à concocter une malédiction de très haut niveau dont les principaux ingrédients sont un plongeon et du poulet frit...

Le Colonel n'est pas n'importe qui ! Harland David Sanders est un génie du marketing et de la cuisson de la volaille. Dans les années 1970, un sondage le place en deuxième position parmi les personnalités les plus populaires du monde. Ce modeste fils de fermier a révolutionné la restauration mondiale puisqu'il est le fondateur et le promoteur d'un géant : Kentucky Fried Chicken. Son costume texan, sa barbichette et ses lunettes sont devenus le logo universel d'une société cotée en Bourse. Mais quel rapport avec le sport et une croyance au pays du Soleil Levant ? Comme avec la gastronomie, aucun... jusqu'à une fameuse soirée d'automne.

Blanc de poulet

Ce 16 octobre 1985, la fête est sauvage dans les rues d'Osaka. La troisième ville du pays célèbre la qualification des Hanshin Tigers pour la finale du championnat nippon, les Japan Series. Une rareté pour cet outsider éternel qui vit dans l'ombre des Yomiuri Giants de Tokyo.

Dans la préfecture du Kansaï, la liesse se manifeste par le saut dans la rivière Dotonbori qui traverse le centre d'Osaka. Avec une particularité : les fans qui se précipitent dans l'eau doivent ressembler aux joueurs des Hanshin. Mais ce soir-là, le cogneur superstar de la franchise, Randy Bass, ne compte aucun sosie dans la foule, aucun type « occidental » à se mettre sous la dent. Et c'est là que le Colonel Sanders entre en scène. Ou plutôt son effigie qui trône devant le KFC du coin comme devant la plupart des franchises de la chaîne, sous la forme d'une statue en pied. Avec son bouc-moustache et sa bonne tête de blanc de poulet, l'ouvrage fera l'affaire pour représenter le barbu américain, meilleur joueur de l'équipe. Le Colonel passe par-dessus bord et disparaît dans les flots. Trois semaines plus tard, les Tigers sont sacrés champions du Japon face aux Seibu Lions. Ce sera la première et dernière fois au cours des trente-huit années qui vont suivre. La malédiction vient de frapper.

Légende urbaine

La légende urbaine, tenace et médiatique, soutient que tant que le Colonel n'aura pas été repêché, les Tigres ne gagneront plus, ni leur division ni les Japan Series, la finale. Plusieurs tentatives ont lieu pour retrouver le simili Sanders : plongeurs, dragage de la rivière, rien n'y fait. Même pas les excuses des fans auprès du gérant du restaurant. Dix-huit ans plus tard, les Tigers reviennent en finale et tous les KFC de la région mettent leur Colonel sous clé. La statue de remplacement de la succursale de Dotonbori est boulonnée pour empêcher un nouveau kidnapping. Mais Hanshin perd encore. Il faut bien se rendre à l'évidence : contrairement aux volatiles du Kentucky, la malédiction court toujours.

Repêchée puis enterrée

Le miracle se produit le 10 mars 2009 quand des plongeurs, lors de la rénovation d'un pont, découvrent une relique pleine de boue au fond de la rivière qu'ils prennent d'abord pour un grand tonneau ou un cadavre. Mais un ouvrier identifie la pêche : il s'agit bien de la partie supérieure de la statue ensorceleuse ! Le bas du corps et la main droite sont retrouvés le lendemain mais aucune trace de la gauche ni des lunettes du vieil officier yankee. KFC, c'est bien normal, s'occupe de la restauration de l'objet devenu fétiche.

Il faudra pourtant attendre la saison 2023 pour que la malédiction vole en éclats : au septième match des Japan Series, les Tigers arrachent leur deuxième titre national. Aucune statue n'est maltraitée pendant la célébration mais un supporter en cosplay du Colonel Sanders est tout de même expédié dans la rivière, histoire de finir le boulot. En mars 2024, l'entreprise annonce que l'effigie, en trop mauvais état pour être conservée, sera mise en terre. Lors de la cérémonie d'adieu, devant un temple d'Osaka, le président de KFC Japon paye sa tournée « pour montrer sa gratitude ». Saké et poulet frit comme dernier hommage à une campagne publicitaire de trente-huit ans et à un double oxymore : la malédiction du Colonel est un succès qui a fait plouf !

3e BASE **Wade Boggs**

Wade Anthony Boggs est une figure de l'histoire du base-ball aux États-Unis. Première raison, son talent. Il fut l'un des meilleurs batteurs de la MLB notamment avec les Red Sox de Boston où il a joué onze des dix-huit saisons de sa carrière. Boggs, retraité depuis 1999, était aussi célèbre pour ses superstitions. Tout un rituel d'avant match, et l'habitude de toujours dessiner le mot *chai* (ce qui veut dire « vie » en hébreu) dans la terre de la base où il allait frapper la balle.

Mais son addiction la plus célèbre reste son goût pour le poulet. Lors de sa toute première année professionnelle, le « rookie » avait remarqué que lorsqu'il mangeait du poulet au déjeuner le jour du match, il était performant ensuite pendant la partie. L'aile ou la cuisse, peu importe, Wade y a vu un signe. Plus question de changer de menu. Boggs s'est accroché à son poulet les jours de match en passant à table à 14 heures. Pas avant, pas après. Un de ses coéquipiers l'a vite surnommé « Chicken Man », le surnom l'a accompagné jusqu'au Hall of Fame où il a été intronisé en 2005. Si on retient que « Monsieur Poulet » a disputé 2 432 parties officielles durant sa carrière, on constate que la volaille a payé un lourd tribut à l'appétit d'ogre du batteur. Jamais lassé ? Son épouse a fini par confier que son mari avait plus de cinquante recettes pour accommoder le traditionnel poulet.

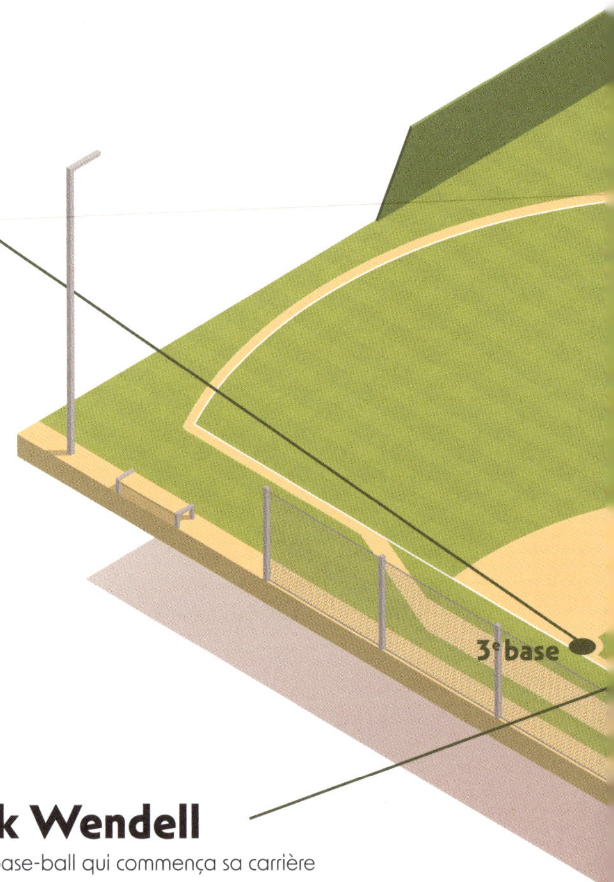

LANCEUR **Turk Wendell**

Turk Wendell fut un joueur de base-ball qui commença sa carrière aux Chicago Cubs en 1993 et la termina aux Colorado Rockies en 2004. « Pitcher » réputé, il est connu aussi pour avoir été l'un des joueurs les plus superstitieux de la MLB, la Ligue nord-américaine de base-ball.

Turk avait une foule de manies et de tics. Parmi les suivants, lequel n'a jamais existé ?

1. Il jouait toujours avec un collier de dents d'animaux qu'il avait lui-même tués à la chasse.
2. Il se brossait les dents avant chacune de ses entrées en jeu.
3. Il s'enduisait les lèvres de jus de réglisse avant de monter sur le terrain.
4. Il traçait du pied trois croix sur la base de lancer.
5. Il portait le numéro 13 pour avoir de la chance.

Voir la réponse en p. 169.

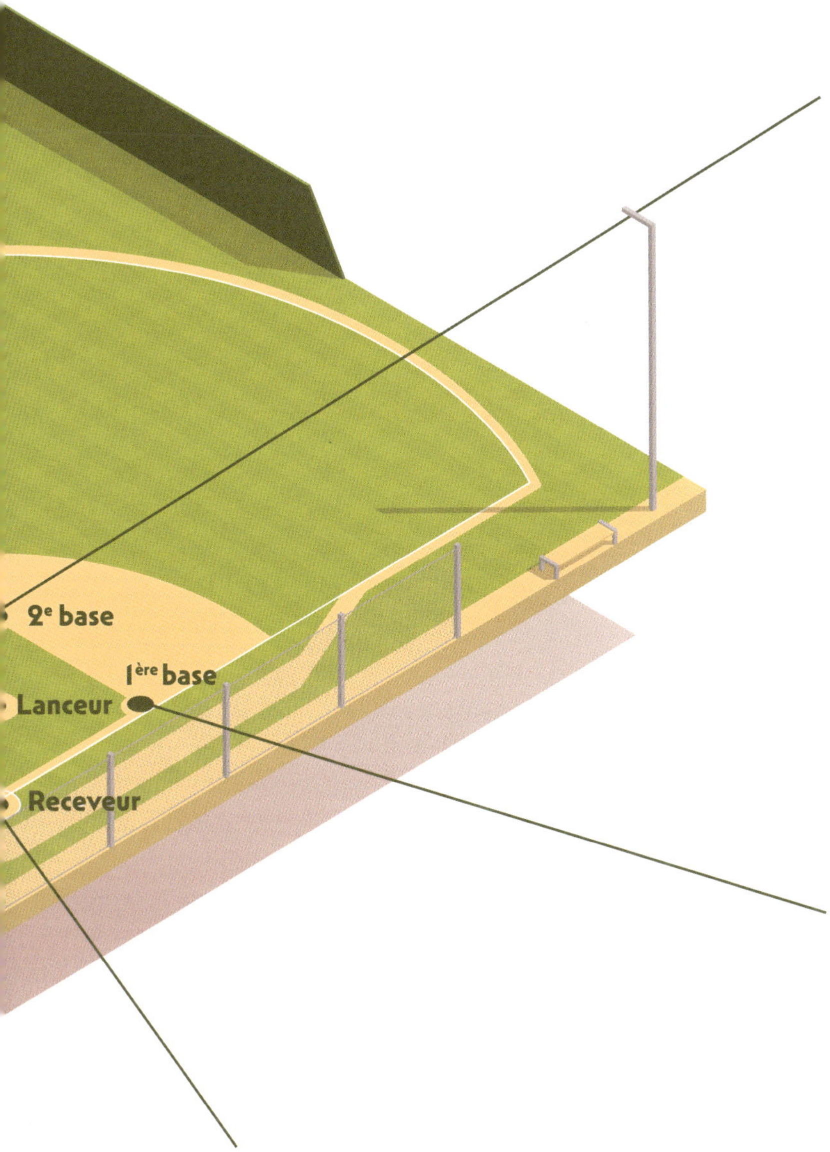

2e BASE **Jackie Robinson, Eddie Collins**

Le premier est plus qu'un immense joueur de base-ball, c'est une légende américaine, icône des droits civiques. En 1947, il est le premier Noir à jouer en Ligue majeure depuis l'interdiction imposée soixante ans auparavant par les propriétaires, et il est aujourd'hui, à l'instar de Rosa Parks ou Martin Luther King, une figure du combat pour l'égalité. Mais pendant sa carrière, Robinson avait lui aussi ses rituels : une douche chaude avant le match, qui lui servait à la fois à relaxer son esprit et à préparer ses muscles. Membre de l'équipe du siècle, le seconde-base des Dodgers de Brooklyn était aussi un pionnier de la visualisation qui répétait en pensées ses meilleurs coups à venir. Des routines plus classiques que celles de son homologue et aîné, Eddie Collins. Celui-ci avait toujours un chewing-gum caché dans sa casquette qu'il sortait lorsqu'il se trouvait au bord de l'élimination et qu'il mâchait furieusement pour se donner du courage. Collins raconte également qu'en 1929, dans le train qui emmenait ses Athletics de Philadelphie à Chicago pour le troisième match des World Series, un supporter avait insisté pour offrir des ananas en conserve à tous les joueurs, prédisant une victoire si ces derniers acceptaient. « Eh bien, nous avons gagné, a précisé le diplômé de l'université de Columbia. Et même si nous étions trop intelligents pour y croire, j'ai mangé de l'ananas tous les jours pendant la série ! » Philadelphie a remporté le titre.

1re BASE **Jason Giambi**

Frappeur hors pair, couronné une fois du titre de meilleur joueur de la saison et bénéficiaire d'un contrat de 120 millions de dollars sur sept ans, Giambi, en 2008, enchaîne les contre-performances avec les New York Yankees. Il se livre alors à un geste désespéré : il enfile un string couleur or sous sa tenue réglementaire. Grâce à son sous-vêtement riquiqui, miraculeusement, il retrouve force, précision et confiance. Aux États-Unis, un article consacré à l'affaire Giambi évoque une étude menée en laboratoire qui prouverait que les athlètes disposant d'un porte-bonheur maîtrisent mieux leurs nerfs que ceux qui n'en ont pas. En l'occurrence, le string fétiche libérerait le potentiel de l'athlète et améliorerait ses performances.

« Le string fonctionne à chaque fois », déclare Giambi. Nullement cachottier, il partage son secret avec des partenaires, qui à leur tour vont succomber à cette mode minimaliste. Tel un dérivatif, le string aide le joueur à se débarrasser de ses pensées négatives. « Vous ne vous souciez pas de vos mains, reconnaît l'un d'eux. Vous êtes inquiet de la sensation inconfortable que vous ressentez. » Pour autant, Giambi a souligné qu'il n'est pas un accro du string : « Je ne le mets que lorsque je veux désespérément sortir d'une grosse crise. » En 2008, au plus fort d'une nouvelle crise, en plus de son dessous doré, Giambi s'est laissé pousser la moustache. En hommage à l'un des joueurs préférés de son enfance. Comme par magie, plus la moustache poussait, mieux il frappait la balle. Il a donc gardé la moustache.

RECEVEUR **Jim Leyland**

Le légendaire entraîneur des Pirates de Pittsburgh a commencé sa carrière à Détroit au poste stratégique de « catcher », le receveur qui, accroupi derrière le batteur, réceptionne les balles lancées à près de 150 km/h. Leyland avait le sang chaud, la moustache frétillante et une superstition à l'hygiène douteuse. En 2011, Leyland est à la tête des Tigres pour l'une des meilleures saisons de la franchise. Sans doute grâce à la série de 12 victoires consécutives remportées cette année-là. Leyland a fumé tous les jours un cigare comme il l'avait fait juste avant la première des douze victoires. Et surtout, il n'a changé ni ses chaussettes ni ses sous-vêtements pendant toute la séquence : « Et ils ne seront pas lavés ! Je me fous que tout le monde le sache ! » tonna le vieux sage qui échouera malgré tout à remporter le championnat.

CHAMP CENTRE
Richie Ashburn

Mort en 1997 à 70 ans, ce gros frappeur savait aussi se montrer câlin, et drôle. Surnommé « l'Éclair de Tilden », sa ville natale du Nebraska, Ashburn brillait à la fois en défense mais surtout au bâton où il a dominé deux fois l'American League dans cette catégorie statistique, sous le maillot des Phillies. Et lorsqu'il devient un très populaire commentateur des matchs de Philadelphie dans les années 1960, Ashburn va confier l'une des clés de sa réussite lors d'un échange en direct avec son complice, Harry Kalas : il refusait de se séparer des bâtons avec lesquels il avait réussi des coups gagnants et ne les laissait ni dans l'abri du stade ni au club-house. Il les rapportait chez lui pour la nuit. « J'ai couché avec de nombreuses vieilles battes et j'en ai été très content », dira-t-il à son binôme. *Old bats* pouvant aussi se traduire par « vieilles chauve-souris », la formule a connu un certain succès.

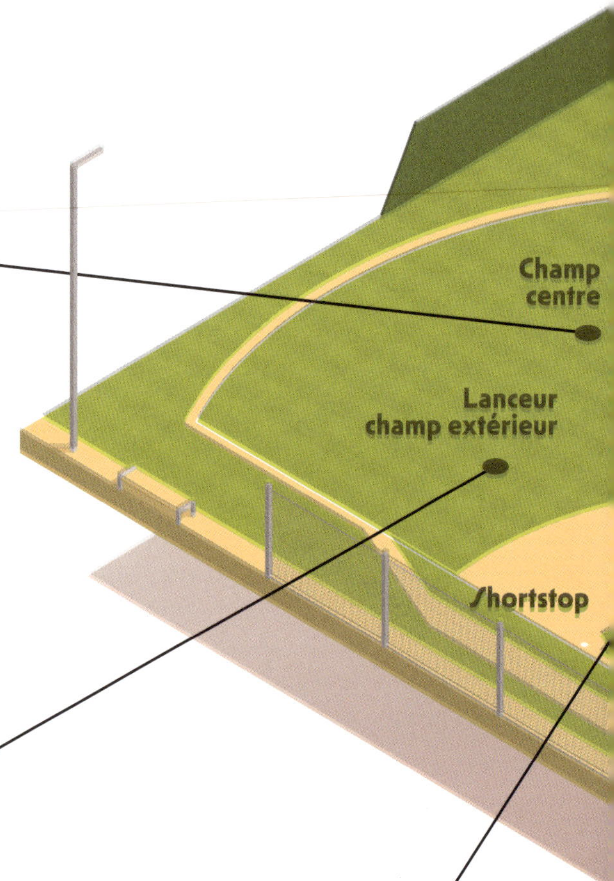

LANCEUR CHAMP EXTÉRIEUR
Babe Ruth

Considéré comme le plus grand joueur de tous les temps, le Bambino a battu 194 records dans sa carrière dont 53 tiennent toujours. Il était aussi le roi des superstitieux selon l'un de ses contemporains, Archie Collins : « Babe avait un casier rempli de porte-bonheur, de fétiches et de médailles. Un fer à cheval en bois gravé d'un trèfle à quatre feuilles était accroché à la porte. Au-dessus, il y avait un totem et d'autres objets curieux qu'on lui avait offerts et censés porter chance. »

SHORTSTOP
Nomar Garciaparra

Son père l'a prénommé en inversant les lettres de son propre prénom, Ramon. Nomar, dont l'essentiel de la carrière s'est déroulé à Boston entre 1996 et 2004, avait donc besoin d'ordre, visiblement. Ce Nadal du base-ball avait une multitude de manies avant de frapper : toucher ses gants, les attacher et les détacher de manière compulsive ou faire tourner sa batte comme un moulin dans le sens inverse des aiguilles d'une montre. Une gestuelle très précise qui a même été intégrée à son avatar numérique dans les jeux vidéo de base-ball qui représentent ce sextuple all-star, parfois comparé à Joe DiMaggio pour sa puissance de frappe. Mais ce que Nomar ne peut endurer avant un match, c'est que l'on touche une des nombreuses casquettes qu'il porte ou collectionne, signe selon son frère d'une défaite imminente !

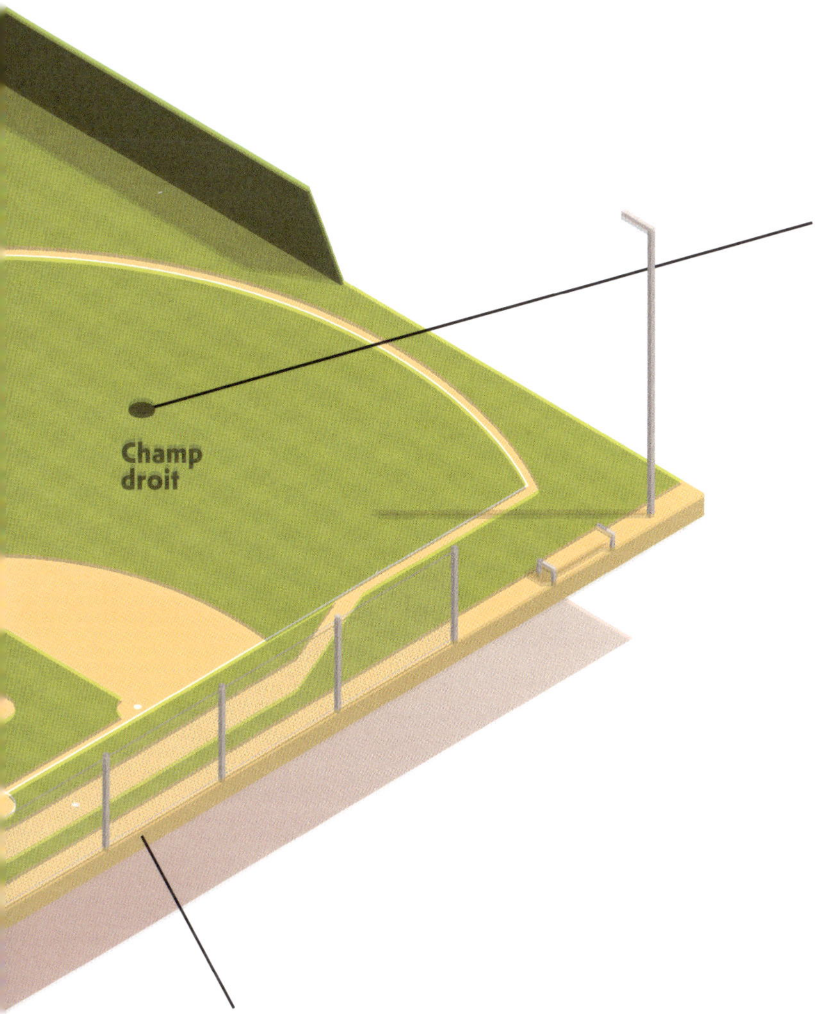

CHAMP DROIT
Vladimir Guerrero

Premier joueur dominicain à intégrer le temple de la Renommée du base-ball, Vladimir Guerrero était un cogneur de génie, capable de catapulter les balles les plus vicieuses et les plus rapides qui lui étaient expédiées. Dans les quatre franchises où il a exercé son talent entre 1996 et 2011, le « Vladiator » a fait l'admiration de ses partenaires pour ses qualités et sa modestie mais aussi grâce à ses mains. Contrairement à la plupart des batteurs, il se passait de gants. « On pourrait poncer un mur avec ses mains tellement elles sont rugueuses », disait un de ses coéquipiers. Guerrero affirme que cela venait de son enfance à Saint-Domingue lorsqu'il tirait les cordes des vaches de son grand-père. Mais Vladdy entretenait aussi soigneusement cet atout avec un rituel bien à lui. D'abord, il enduisait son casque de résine de pin qu'il pouvait toucher une fois positionné sur le marbre face au lanceur pour attirer la chance. De surcroît, en début de saison, il demandait à tous ses coéquipiers de cracher sur son couvre-chef pour le rendre encore plus collant. C'est ce qui s'appelle « adhérer au projet ».

TOUCHE-MOI !
Kevin Rhomberg

Sa trace dans l'histoire du sport tient moins à ses performances qu'à une forme extrême de superstition. En deux ans de carrière chez les Indians de Cleveland, Rhomberg est resté célèbre pour un comportement qui confine à la névrose et qui lui a valu le surnom de « *Touch me, Touch me* ». En effet, Rhomberg ne pouvait souffrir d'être touché sans toucher en retour. À tel point que ses partenaires et parfois ses adversaires jouaient de son trouble. Alors qu'il était aux toilettes, un coéquipier lui a touché les orteils sous la porte, et Kevin a dû toucher tous les joueurs pour être sûr de trouver le coupable. Une autre fois, c'est l'arbitre d'une rencontre face à New York qui est intervenu pour rappeler à l'ordre les Yankees qui s'amusaient à tripoter leur adversaire pour le faire sortir de ses gonds. Un jour, le lanceur Bert Blyleven a touché son partenaire au cours d'un trajet en voiture puis s'est enfui en courant. L'épouse de Rhomberg plaida la cause de son mari : « Laisse-le te retoucher ou il ne dormira pas de la nuit. »

CROYANCES INTERNATIONALES

De l'Afrique à l'Europe, des Amériques à l'Asie, les croyances sont partout. Elles sont aussi dans la tête des athlètes, ces grands croyants qui aspirent à s'installer, par leurs exploits, dans l'éternité. À Bamako ou Bogota, à Bangkok ou à Milan, les athlètes croient en eux, c'est bien légitime, mais ils croient également en toutes choses susceptibles d'améliorer leurs performances. Le cas échéant, ils ne rechignent pas à recourir à une assistance spirituelle. Si bien que dans la galaxie professionnelle de l'athlète, en plus de l'entraîneur, du kiné, du diététicien ou du préparateur physique, on trouve aussi des mages, des sorciers, des marabouts, des chamans... C'est un paradoxe, l'approche la plus rationnelle de la compétition côtoie des comportements superstitieux et religieux. Chez certains, les amulettes, grigris, poudres magiques et les eaux bénites font partie intégrante de la panoplie sportive !

LOUIS NICOLLIN

ET MON CULTE, C'EST DU POULET ?

Fort en poids, fort en gueule et superstitieux notoire, Louis Nicollin, disparu en 2017, fut le président du club de foot de Montpellier. Au fil d'une carrière qui dura plus de quarante ans, celui qui était surnommé « Loulou » n'hésita pas à s'aventurer dans le bizarre et le surnaturel.

À l'image des personnages charismatiques, Loulou prenait de la place. Mais Loulou était plus que cela. Il était malin, drôle, attachant, provocateur, truculent, sentimental, généreux, paternaliste. Il parlait fort. Il avait des emportements. Sous le coup de la colère, ses phrases, parfois, avaient le mauvais goût de l'outrance ou du vulgaire. Il avait fait prospérer une petite entreprise familiale spécialisée dans le ramassage des poubelles devenue un énorme groupe à rayonnement international. Fou de sport, collectionnant les maillots des joueurs de foot et des champions cyclistes, il mena son club de la division d'honneur à la première division. Loulou connut la réussite dans deux domaines aussi incertains que les affaires et le football. Et il semblait croire que le recours à l'irrationnel pouvait aider, le cas échéant, à forcer le destin.

En 1989, Loulou est inquiet. Son équipe enchaîne les défaites et rate son début de saison. Il en est persuadé, le club s'est fait marabouter.

← Loulou Nicollin, le président qui croyait aux miracles.

Le 14 octobre, Montpellier affronte Toulon. Daniel Xuereb, l'un des joueurs, s'adresse à Loulou : « Président, si on veut gagner, il faut faire venir le sorcier du Sénégal. Francis Borelli [ancien président du PSG] va vous donner le numéro. » Loulou se livre à Michel Mézy, son directeur sportif : « On va se faire désenvoûter. » Michel Mézy est circonspect. Loulou fait venir le sorcier. Il le paye. Le sorcier a une exigence : « Je veux un poulet. Vivant. » La veille du match, à leur grande surprise, les joueurs découvrent, dans le vestiaire, la présence d'un marabout et d'une cage à poules.

Soudain, le marabout demande à l'équipe de se réunir autour de la table. Il prend la parole : « Tous ceux qui seront tachés de sang, vous pourrez jouer et vous gagnerez, les autres dehors, vous ne jouerez pas ! » Et chlac ! d'un coup de couteau, il coupe la tête du poulet qui se met à courir dans tous les sens. Le sang gicle. Julio César, le défenseur brésilien crie : « Au secours ! Au secours ! » Ce théâtre d'horreur révulse Aimé Jacquet, l'entraîneur. Michel Mézy est resté derrière la porte : « Je ne voulais pas assister à ça. Cela ne me plaisait pas. Je suis superstitieux mais de là à inverser le cours d'un match… »

L'histoire du football montpelliérain et de la cause animale retiendra qu'un soir d'automne, avec le concours d'un marabout et d'un malheureux poulet, par la volonté d'un président prêt à croire en tout et n'importe quoi et, à coup sûr, grâce à une équipe comptant dans ses rangs Éric Cantona, Stéphane Paille et Laurent Blanc, Montpellier s'imposa 3 à 0.
Le marabout retourna au Sénégal, et au terme d'une saison qui fut tout sauf envoûtante, Loulou voulut croire que son équipe était désenvoûtée. Montpellier termina à la 13e place du classement mais pour en arriver là, il fallut organiser la Saint-Barthélemy du gallinacé.

« JE ME SOUVIENS QUE CE SOIR-LÀ MÊME LES DIRIGEANTS AVAIENT MIS UNE ÉCHARPE JAUNE AUTOUR DU COU ! »

Laurent Robert

Rire jaune

Loulou Nicollin récidiva. En septembre 1996, son club dispute les trente-deuxièmes de finale de la Coupe de l'UEFA face au Sporting de Lisbonne. Un partout au match aller à Montpellier. Match retour quinze jours plus tard au Portugal. Pour assurer la qualification, Loulou entre en contact avec un mystérieux personnage surnommé « le mage ». Ce dernier demande à Loulou de faire jouer son équipe en jaune. Parce que, le mage en est convaincu, le jaune, ça fait gagner ! Sauf que Montpellier joue en maillot bleu, short rouge, chaussettes bleues. Loulou ne discute pas ! Il fait fabriquer dans l'urgence une tenue complète. Entièrement jaune. « On n'a pas trop compris pourquoi on nous demandait de porter ça, se souvient Laurent Robert, qui jouait à l'époque. Sur le coup, ils nous ont juste dit de les porter et qu'on allait gagner le match. Bon... »

Le 24 septembre 1996, à Lisbonne, les joueurs enfilent leur nouvel habit de lumière. Le jaune est mis. « Je me souviens que ce soir-là, même les dirigeants avaient mis une écharpe jaune autour du cou ! » rigole Kader Ferhaoui, autre joueur montpelliérain. En plus des maillots jaunes, Loulou paye le voyage du mage à Lisbonne. « Je me souviens aussi de le voir mettre quelque chose sur le point de penalty avant le match (rires), une sorte de poudre, raconte le Montpelliérain Laurent Robert. Sur le coup je ne me suis pas trop posé de questions, je me demandais juste ce qu'il faisait... » Le mage jure à Loulou que, grâce à sa poudre magique, Montpellier va bénéficier d'un penalty pendant la rencontre. Loulou y croit. Soixante-deux minutes de jeu. Miracle ! L'arbitre siffle penalty pile à l'endroit où le mage a répandu la poudre. Un détail ! Le penalty est en faveur des Portugais. Lisbonne l'emporte 1 à 0. Montpellier est éliminé. Loulou rit jaune.

Le mage devrait être dans ses petits souliers (jaunes ?) au lieu de quoi il contre-attaque : « Il a expliqué à Louis Nicollin et Michel Mézy qu'on n'avait pas gagné parce qu'un joueur qui ne devait pas jouer avait été titularisé, il disait que c'était lui, le chat noir », se rappelle Kader Ferhaoui.

Après cette déconvenue, Erik Bielderman, journaliste à *L'Équipe*, est à l'aéroport avec Louis Nicollin : « Il se marrait, il disait : "Je me suis fait embourber, il m'a pris quinze patates..." alors que Mézy, lui, cherchait le mage partout dans l'aéroport pour lui casser la gueule ! »

← Kader Ferhaoui, sous le maillot jaune porte-bonheur de Montpellier face au Sporting Lisbonne de Hadjy, le 24 septembre 1996.

← Lionel Charbonnier, gardien de but en jaune : hasard ? ou superstition ?

Hommage au mage

Ce mage qui exerce ses talents au carrefour des croyances et des ambitions n'est pas n'importe qui ! Avant Montpellier, il a sévi dans le milieu du football à Lens, à Nantes et surtout à Auxerre, lors de la saison 1995-1996. Guy Roux, l'entraîneur auxerrois, n'est pas près de l'oublier : « Il était un peu illuminé. Je me suis évidemment demandé si ce n'était pas une sorte de charlatan mais comme on a eu les résultats qu'il nous avait promis, je suis obligé de reconnaître qu'il était bon ! » À la moitié du championnat, Auxerre est 4e et compte 10 points de retard sur le leader, le Paris Saint-Germain. Les chances de triompher sont minces ! À quatre journées de la fin, Auxerrois et Parisiens sont au coude à coude. Guy Roux reçoit alors un coup de téléphone : « Un mage m'appelle et me dit : "Je guide le ballon avec mes yeux. Je vais vous le prouver cette semaine, payez-moi un billet Bordeaux-Paris et trois nuits d'hôtel." Ce que j'ai fait. » Le mage monte à la capitale. Il vient porter la poisse aux Parisiens. Et ça marche ! Le PSG enchaîne les contreperformances. D'abord un match nul à Martigues, dernier du classement. Guy Roux est ravi : « Le mage me téléphone et me dit : "Vous avez vu ?" » La journée suivante, contre Lille qui est 18e, Paris perd 1-0. Le mage rappelle Guy Roux et lui dit : « On fait un accord. » Guy Roux lui propose de le dédommager avec une caisse de chablis. Accord conclu ! Le mage demande alors à Guy Roux de faire jouer son équipe... en jaune : « Il disait que c'était sa couleur fétiche parce qu'il avait été champion de France avec l'équipe de basket de Limoges, qui jouait en jaune, et avec le FC Nantes qui jouait de la même couleur. Je lui avais répondu que c'était impossible, que notre couleur, le bleu, était divine, que c'était l'abbé Deschamps qui l'avait choisie parce que c'était la couleur de la Vierge. Du coup, on avait quand même mis le gardien en jaune. » Au terme d'une saison exceptionnelle, avec l'appui du mage en fin de parcours, Auxerre remporte le championnat et la Coupe de France.

Lingerie jaune

Quelque mois après le double sacre auxerrois, la réputation du mage est arrivée aux oreilles de Loulou Nicollin. Et voilà comment ce mage haut en couleur a fait son apparition à Montpellier pour mettre du jaune sur les maillots. Guy Roux qui était copain avec Loulou suivit l'affaire de près : « Il paraît que le mage avait recommandé aux épouses des joueurs de mettre des sous-vêtements jaunes. Du coup, les magasins de prêt-à-porter de Montpellier avaient été dévalisés ! »
Entre ses lubies et celles de ses joueurs, Loulou en a vu des vertes, des jaunes et des pas mûres : « À une époque, t'avais Valderrama [meneur de jeu colombien de son équipe] et tous les autres, ils jouaient toujours avec le même slibard. Alors toi, tu faisais pareil : tu mettais la même chemise, la même cravate, le même costard... et quand tu perdais, tu changeais. En vieillissant, je suis moins superstitieux même si parfois, après un match victorieux, je remets au suivant le même polo gris. » En 2012, Montpellier est champion de France. Loulou est aux anges. Selon nos informations, aucun poulet ni aucun mage n'ont été maltraités.

Le fils de Loulou

En juin 2017, Louis Nicollin est décédé des suites d'un malaise cardiaque le jour de ses 74 ans. Son fils Laurent lui succède à la tête du club. Le petit Loulou n'a pas les emballements du père : « Je ne suis pas spécialement superstitieux. Mais indirectement, on l'est quand même. À la Mosson [le stade de Montpellier], je prends toujours le même chemin quand on gagne. Quand on perd, je change de chemin. Ce sont des conneries. S'il suffisait de mettre un caleçon rouge, des chaussettes jaunes et une chemise verte, on le ferait tous. Mais bon, on essaye d'avoir des repères, parce qu'au football, malheureusement, il n'y a pas de repères. Un match dure quatre-vingt-dix minutes, et tu ne sais pas ce qu'il va se passer, c'est ce qui fait le charme du foot, donc tu te rattaches à des petites choses pour essayer justement de te rassurer. »

MICHEL DENISOT

AU MARABOUT DU SUSPENSE

En 1997, lors du tour préliminaire de la Ligue des champions, le Paris Saint-Germain n'a jamais été aussi proche d'une lamentable élimination. Néanmoins, l'action d'un marabout malien va renverser le cours d'une aventure bien mal embarquée.

Au commencement de cette histoire à rebondissements, il y a une date, le 13 août. Rassurons les superstitieux, il ne s'agit pas d'un vendredi mais d'un mercredi. Le PSG s'en va affronter le Steaua Bucarest, quintuple champion de Roumanie. Avec son effectif vedette où figurent les Brésiliens Raí et Leonardo et l'attaquant italien Simone, le PSG est favori.

Au match aller, pourtant, les Parisiens s'inclinent 3 à 2. On peut souligner que trois buts encaissés, c'est beaucoup, mais cela n'est rien en comparaison de l'énorme bévue administrative des dirigeants de la capitale. Ils ont fait jouer Laurent Fournier, qui était sous le coup d'une suspension. Les Roumains, dans leur bon droit, portent réclamation. Le PSG est sanctionné et le résultat passe de 3-2 à 3-0. Perte du match sur tapis vert, perte de moral, perte de crédibilité ! Lucide, le président du club, Michel Denisot, déclare : « On est la risée de la France. » Ex-journaliste de sport et figure du petit écran, sorte de Droopy ambitieux, Denisot préside le PSG depuis 1991.

Pour se qualifier au match retour, les Parisiens ont l'obligation d'accomplir un exploit monumental. Raí, le capitaine, remobilise les esprits et croit au miracle : « On peut entrer dans l'histoire ! Je sens un truc, une ferveur, le parfum de la victoire. » Denisot a senti un truc lui aussi. Un truc paranormal : « Claude Le Roy, qui est dans le staff du PSG et qui a entraîné le Cameroun et des équipes africaines, me dit qu'il reçoit des coups de fil de marabouts qui proposent leurs services. Je lui dis : "Je prends tout, camion de cierges à Lourdes, marabouts, tout ce qui est légal, pour essayer de retourner la situation !" Et donc, j'entre en contact avec un marabout malien qui s'appelle Sidi. On se met d'accord, et je lui envoie de l'argent par la poste. Ce n'étaient pas des sommes folles et surtout, vu l'enjeu, ce n'était rien. Au début, le marabout me dit : "Ce n'est pas possible, je ne vois rien." Et puis, deux jours avant le match, il me dit : "C'est bon ! Vous allez gagner 4-0 ! Et je vois même très bien le match. Il y aura le quatrième but à la 40e minute, marqué par le numéro 18 de votre équipe." »

Le 27 août, 43 000 supporters remplissent le Parc des Princes. Survolté, le PSG mène 3 à 0 après une demi-heure de jeu. 41e minute, l'attaquant parisien Florian Maurice inscrit le 4e but. Il porte le numéro… 18. À une minute près, le marabout Sidi avait tout bon. Finalement, Paris s'impose 5 à 0 (à un but près, aussi, Sidi avait tout bon). Cette soirée de légende figure en bonne place dans le livre d'or d'un club qui vit dans l'éternel tourbillon de ses rêves de grandeur.

Cette qualification permit au club d'empocher 10 millions d'euros. Le prix du maraboutage s'élevait à 500 euros. Une excellente affaire !

« ON PEUT ENTRER DANS L'HISTOIRE ! JE SENS UN TRUC, UNE FERVEUR, LE PARFUM DE LA VICTOIRE. »

« Mes superstitions me permettaient de prévoir l'imprévisible »

Raphaëlle Tervel

Raphaëlle Tervel, championne du monde 2003 de handball, compte 251 sélections chez les Bleues et de nombreux titres, avec Besançon notamment. Depuis ses débuts, elle a aussi empilé plusieurs rituels superstitieux. Ils sont insolites et, dit-elle, efficaces.

Quelle a été votre superstition la plus étrange ?

Je jouais à l'époque à Besançon. On était en Coupe d'Europe et on avait perdu de 5 buts au match aller face au club hongrois de Dunaferr. On savait qu'on allait faire face à un public très chaud mais aussi à un arbitrage très défavorable. Pendant le déjeuner, le jour du match retour, je vois cette pomme et, avec des cure-dents, je commence à graver les initiales des noms de nos adversaires. Puis, selon le profil des filles, je pique les noms – la tête pour une gardienne, le bras pour les meilleures buteuses, les jambes pour les plus rapides – et je dis : « Je vais les vaudouïser ! » [rires]. Et puis j'ai rajouté une goutte de café sur la queue de la pomme pour leur cramer le cerveau, c'était l'idée. Le soir, j'ai posé la pomme au milieu du vestiaire avant d'entrer sur le terrain... et on a refait nos 5 buts de retard en marquant plus de buts à l'extérieur ! Qualifiées !

Du coup, depuis ce jour-là, chaque fois que je jouais en coupe d'Europe avec Besançon, je faisais un truc !

Toujours avec une pomme ?

Ah non ! Après je les ai noyées... J'écrivais leurs noms sur des petits cailloux, je les mettais dans des bouteilles ou je les brûlais. Ce qui est rigolo, c'est que quand je ne faisais rien, les filles disaient : « Bon, alors, qu'est-ce que t'as fait pour les cramer ? »

Vous pensiez que ça servait à quelque chose ?

Non, bien sûr ! On sait que la pomme ne nous aide pas à gagner, mais le simple fait de faire quelque chose, ça rassure tout le monde ; c'est drôle, et ça crée de la cohésion. Même si on le fait sans y croire, comme ça a marché une fois, ça crée une attente. Et puis, ça aide à se détendre avant les gros matchs, à faire redescendre la pression. C'est devenu un petit rituel.

Et les guirlandes, vous nous racontez ?

Ah ! ça, c'est en équipe de France ! Comme les compétitions sont souvent autour de la période de Noël, j'apportais des guirlandes électriques pour décorer ma chambre, où on se retrouvait pour jouer aux cartes et discuter. Je laissais les lumières allumées pendant les matchs en disant que ça nous porterait chance. Un jour, j'ai réalisé qu'elles étaient éteintes alors qu'on était déjà dans le bus. J'ai dit au chauffeur de faire demi-tour, je suis remontée dans ma chambre pour allumer et on est reparties. Je ne me rappelle plus si on a gagné, mais je me souviens que certaines disaient : « Elle est complètement tarée, celle-là. »

Vous êtes très superstitieuse ?

Pas dans la vie, mais dans ma routine de sportive, j'avais plein de petits trucs à faire avant le match. Par exemple, je jouais systématiquement au Spider (un jeu de cartes sur tablette) au moment de la sieste, et il fallait toujours que je gagne trois parties sinon on perdait le match. Si les parties étaient faciles, le match serait facile, alors que si je galérais, on allait galérer ! En fait, il y a eu beaucoup de similitudes entre mes parties et les rencontres qui ont suivi. Ça me permettait en quelque sorte de prévoir l'imprévisible... Juste avant le match, je faisais toujours des jonglages au pied (j'ai été footballeuse avant le handball) : d'abord le ballon sur le pied gauche puis genou gauche, épaule gauche, épaule droite, genou droit, pied droit, j'appelais ça « faire l'horloge ». Si j'y arrivais, c'était bon signe. C'est un peu de la superstition, un peu de la routine d'échauffement.

« CES MOMENTS DE SUPERSTITION, ÇA ME PERMETTAIT DE NE PAS PENSER AU MATCH. »

Votre première superstition ?

C'est un classique : j'avais fait un bon match alors j'ai gardé les mêmes chaussettes et les mêmes sous-vêtements pour le suivant, quand j'avais 18 ans. Et puis des superstitions se sont ajoutées au fil de ma carrière. Quand je suis devenue coach, je voyais aussi des signes dans les feux de signalisation. Beaucoup de feux rouges en allant à la salle : match compliqué. Mais globalement, en tant qu'entraîneur, je suis beaucoup moins superstitieuse.

Pourquoi ?

Quand tu es joueuse, tu as un impact direct sur le résultat, tu peux mettre le dernier but, faire la dernière passe. Quand tu es coach, tu n'influes pas sur le jeu aussi concrètement. Et puis, ces moments de superstition, ça me permettait de ne pas penser au match, de faire baisser le stress, la pression. De me concentrer sur autre chose.

Ça marche, la superstition ?

Ah ! bah, je dirais que ça a marché pour moi [rires]. J'ai eu plein de titres, une belle carrière, partout où je suis allée, j'ai gagné. J'avais peut-être une petite étoile au-dessus de ma tête.

Ce n'est pas plutôt votre talent, votre travail, qui vous ont aidée ?

C'est peut-être les deux ! Mes superstitions me mettaient dans les bonnes conditions pour performer. En revanche, c'était toujours dans le positif. Si je n'arrivais pas à faire mon truc, je n'étais pas liquéfiée, ça ne m'empêchait pas de faire un bon match derrière. Ça me rassurait quand je gagnais, mais ça ne me bloquait pas du tout quand je perdais.

Le pouvoir du 13-13

En équipe de France, depuis des années, lorsque le tableau d'affichage indique 13 à 13, les Bleues gagnent le match. Cela s'est vérifié dans 95 % des cas ! C'est encore arrivé deux fois lors des derniers championnats du monde. Quand j'étais joueuse, c'était tellement ancré en moi que dès qu'on atteignait ce score, on savait qu'on allait gagner. Mais il ne fallait surtout pas le dire, sinon ça ne fonctionnait pas. On devait juste le penser. Le 13, c'est mon numéro porte-bonheur, c'est peut-être pour ça.

↑ Le jour où Auxerre a battu Nantes sur sa pelouse et a mis fin à une période de 92 matchs sans défaite à domicile.

FC NANTES

LE SABLE MAGIQUE

Le FC Nantes est resté invaincu à domicile pendant près de cinq ans. Il se pourrait que les dieux du football y soient pour quelque chose.

Entraîneur de Nantes de 1976 à 1982, Jean Vincent, peu de temps après sa prise de fonctions, ouvre sa boîte aux lettres. Le facteur vient de déposer un étrange colis : « J'ai reçu par la poste, d'un supporter nantais de Côte d'Ivoire, un sachet de sable accompagné de quelques mots : "Tu sèmes ce sable devant les buts et tu seras protégé contre la défaite." » Maraboutage à distance ou supercherie ? Jean Vincent n'est pas insensible à la superstition. Pendant sa carrière de joueur, à Lille puis au Stade de Reims, il s'entêtait à vouloir trouver un trèfle à quatre feuilles sur la pelouse avant chaque rencontre. Et dans son sac de sport, il emportait toujours la plaque en or d'un boîtier de montre que lui avait offert le comédien Pierre Brasseur.

Un matin, en toute discrétion, Jean Vincent se rend au stade et, conformément au souhait de son mystérieux correspondant, vide le contenu du sachet devant les buts. Le sable entre en contact avec la pelouse. Désormais, le FC Nantes est placé sous la protection d'un ange gardien (de buts ?).

La pelouse du stade Marcel-Saupin devient une forteresse : 80 victoires, 12 matchs nuls, 0 défaite. Une période d'invincibilité qui va durer pratiquement cinq ans. Les adversaires se cassent les dents sur une défense de fer, sur les parades héroïques du goal, sur une stratégie en béton armé, sans savoir si l'armada nantaise doit sa réussite à une poignée de sable venue d'une plage de Côte d'Ivoire.

Au cours de cette période bénie, le FC Nantes décroche deux titres de champion de France (1977 et 1980) ainsi qu'une Coupe de France (1979).

Le 7 avril 1981, Nantes accueille l'AJ Auxerre sur son terrain et s'incline 1 à 0 à la surprise générale. Une défaite qui met fin à une période de 1 768 jours. Un record. D'après Maxime Bossis, défenseur central à l'époque, ce n'est qu'en rentrant aux vestiaires que les Nantais réalisèrent leur exploit : « On ne comptait vraiment plus les matchs. C'est quand on a perdu que j'ai su qu'on avait tenu cinq ans. Je ne pensais pas que cela faisait si longtemps. » Comment expliquer cette défaite surprise ? Quel grain de sable a enrayé la belle mécanique ? Ces questions, Jean Vincent se les est posées ! Il interrogea le gardien du stade pour savoir si quelque chose d'anormal s'était déroulé pendant la semaine. « Ben oui, répondit le jardinier, on a dû gratter tout ce qu'il y avait devant la ligne de but car il y avait des trous. Du coup, on a remis de la terre et du gazon. » Le malheureux ne savait rien des pouvoirs magiques du sable ivoirien ! Jean Vincent s'effondra : « Croyant bien faire, le jardinier avait remplacé la pelouse et, du même coup, enlevé le sable. En commander d'autre ? Impossible, je n'avais pas l'adresse de l'expéditeur... »

Des années plus tard, le FC Nantes changea de stade et accomplit quelques jolis coups d'éclat mais personne n'entendit plus jamais parler du sable aux pouvoirs magiques.

GIOVANNI TRAPATTONI

L'EAU BÉNITE DE LA SŒUR

La sœur de l'entraîneur Giovanni Trapattoni était religieuse dans un couvent. En guise de porte-bonheur, elle lui procurait des bouteilles d'eau bénite. La réussite n'était pas toujours au rendez-vous. De l'eau plate, peut-être ?

Giovanni Trapattoni a la foi solide et un appétit footballistique des plus voraces. Joueur d'importance dans les années 1960, devenu entraîneur de renom, il est ce genre de tacticien capable de confier le sort d'un match aux mains de Dieu car il considère qu'une autorité mystique peut influencer favorablement le résultat. Celui qui a été surnommé « le Trap » est un être très croyant qui consacre toujours un temps à la prière avant un match. Par ailleurs, jamais il n'entre sur un terrain sans faire un signe de croix. Sa bonne conduite religieuse n'a pas nui à son palmarès, au contraire. « Le Trap » a gagné presque partout où il a entraîné : l'AC Milan, la Juventus de Turin (six fois champion d'Italie, une Coupe des clubs champions), l'Inter de Milan (champion d'Italie en 1991), le Bayern Munich.

Ce noble serviteur de la foi prenait à cœur son rôle d'entraîneur : « Plus qu'un sélectionneur, disait-il, je suis un prêtre qui confesse tous les joueurs. Je dois passer dans les chambres pour expliquer à chacun pourquoi l'un joue et l'autre pas. »

Giovanni Trapattoni est un homme pieux, calme et spirituel. Mais qu'il s'agisse d'un entraînement ou d'une rencontre officielle, un torrent d'adrénaline monte en lui. Il engueule ses joueurs, il invective le corps arbitral. Soudain, il a le diable au corps.

Lors de la Coupe du monde 2002 qui se déroule au Japon et en Corée du Sud, « le Trap » entraîne l'Italie. En huitièmes de finale, les Transalpins affrontent les Coréens. Ils sont favoris. Ils sont protégés. Depuis le début de la compétition, une caméra a surpris « le Trap », assis sur son banc de touche, déversant discrètement l'eau bénite fournie par sa sœur, la nonne Romilde. En forçant un peu le destin, le liquide divin devrait faire son effet, et l'Italie se qualifier.

Disputé au Daejeon World Cup Stadium dans une ambiance favorable aux Coréens, le match débute sous les meilleurs auspices. L'Italie ouvre le score dès la 18e minute avant l'égalisation de la Corée en toute fin de rencontre. Un partout ! Il faut jouer la prolongation. Elle sera rocambolesque car l'arbitre équatorien Byron Moreno, dit « le Justicier », va faire des siennes. Il faut l'admettre, son sifflet sera plus puissant que l'eau bénite.

À la 102e minute, au lieu d'accorder un penalty légitime, l'arbitre expulse un joueur italien qu'il accuse d'avoir simulé une faute dans la surface de réparation. Bien qu'évoluant en infériorité numérique, l'Italie réussit à ajouter un deuxième but parfaitement valable. Mais « le Justicier » le refuse au prétexte d'un hors-jeu imaginaire. Finalement, le Coréen Hwan offre le but de la qualification à la 117e minute. Trapattoni et ses joueurs crient au scandale. Cela coule de source, l'Italie est éliminée.

En 2013, tout en prodiguant ses conseils à l'équipe du Vatican, Giovanni Trapattoni entraîne la République d'Irlande. Cette année-là, sa sœur Romilde, qui vivait chez les Sœurs de la Charité à Milan, est décédée à l'âge de 81 ans. Depuis quelques années, « le Trap » avait cessé de verser de l'eau bénite sur les pelouses. Ce jour-là, il versa des larmes.

« PLUS QU'UN SÉLECTIONNEUR, JE SUIS UN PRÊTRE QUI CONFESSE TOUS LES JOUEURS. JE DOIS PASSER DANS LES CHAMBRES POUR EXPLIQUER À CHACUN POURQUOI L'UN JOUE ET L'AUTRE PAS. »

↑ Lors de la Coupe du Monde en 1958, l'élégant capitaine Nils Liedholm présente l'un des joueurs de son équipe au roi de Suède.

NILS LIEDHOLM

LE BARON ET LE MAGICIEN

L'entraîneur suédois Nils Liedholm, dit aussi « le Baron », avait recours aux services d'un astrologue surnommé « le Magicien ». Pour autant, les recommandations de ce dernier n'ont pas toujours été couronnées de succès.

Décédé en 2007 à l'âge de 85 ans, Nils Liedholm était appelé « le Baron » parce que, du temps où il était joueur, il faisait preuve d'une rare élégance. Ce très bon milieu de terrain évolua d'abord en Suède, son pays natal, puis de 1949 à 1961 à l'AC Milan, l'un des clubs les plus fameux de la péninsule italienne. La légende prétend qu'en match, il ne ratait pas une passe. Ou peu s'en faut. Lors des rencontres à domicile, les supporters milanais se levaient et applaudissaient dès qu'il commettait une erreur, non pour le ridiculiser, mais pour souligner qu'il s'agissait d'une très rare imprécision.

Sur un terrain, le Baron était porté sur le cartésien. Il avait le sens de l'espace, sachant à quel endroit lui parviendrait le ballon et quelle utilisation en feraient ses partenaires. Il arrêta de jouer à presque 40 ans puis il enfila le costume d'entraîneur, faisant les belles heures du Milan AC et, plus tard, de l'AS Rome. Durant sa deuxième carrière, le Baron allait verser dans le surnaturel. Il avait des grigris plein les poches. Et des croyances plein la tête.

À une heure de route au nord-est de Milan vivait Mario Maggi, « le Magicien ». Un drôle de type. Astrologue, mage, sorcier, fournisseur personnel de porte-bonheur et de remèdes miraculeux, il devint l'ami du Baron et son confident. Liedholm lui rendait de fréquentes visites. Ils discutaient tactique et composition d'équipe.

En 1978, lors d'un derby entre l'Inter de Milan et le Milan AC, à la stupéfaction générale, Liedholm écarta Gianni Rivera, la star de son équipe. Une idée du Magicien : « Laissez Gianni à l'écart, et vous gagnerez le derby. » Maggi prétendait que le biorythme du capitaine Rivera indiquait une phase de déclin. Rivera fut même exclu du banc des remplaçants. L'AC Milan s'imposa 1 à 0 et remporta, cette saison-là, le championnat d'Italie pour la dixième fois de son histoire. Une tournée en Amérique du Sud fut organisée pour fêter le titre. Sur un ton grave, le Magicien s'adressa au Baron : « Abandonnez la tournée sud-américaine, un membre de l'encadrement de Milan perdra la vie. » Liedholm refusa pour sa part de partir. Le 5 juin 1979, en Argentine, l'entraîneur adjoint Alvaro Gasparini décéda des suites d'une crise cardiaque, à l'âge de 41 ans.

En 1983, Liedholm entraînait l'AS Rome. Il continuait de consulter son ami Maggi, et les Romains s'emparèrent du titre de champion d'Italie, le deuxième de l'histoire d'un club créé en 1927. L'année suivante, l'AS Rome disputa la finale de la Coupe d'Europe contre Liverpool. Le Magicien fit une nouvelle prédiction : « Si jamais la finale se termine après prolongation par une séance de tirs au but, ne faites pas tirer les deux joueurs champions du monde de votre équipe. » Pour une fois, le Baron n'en fit qu'à sa tête. Et Rome s'inclina ! Maggi prétendit qu'à cause de ce résultat funeste, Liedholm ne lui avait plus parlé pendant deux mois.

Au printemps 1987, Maggi avait prédit que l'entraîneur Arrigo Sacchi échouerait au Milan AC de même que des joueurs aussi talentueux que Gullit et Van Basten. Manque de clairvoyance ! Le club de Lombardie connut pendant quelques années une éclatante réussite en Italie et au niveau européen.

En 1997, Nils Liedholm prit sa retraite. À 75 ans, il acquit un vignoble dans la région d'Asti. Comme à son habitude, il ne laissa rien au hasard. Il s'abstint de demander le moindre conseil au Magicien. Et d'après les spécialistes, il signa des vins dignes de sa légende.

PAUL LE POULPE

LES PRÉDICTIONS DU CÉPHALOPODE

Lors de la Coupe du monde de football en 2010, un poulpe prénommé Paul accéda à la gloire planétaire. « L'oracle d'Oberhausen », du nom de la ville d'Allemagne où il vivait, désigna les vainqueurs de huit matchs sur huit.

De toute l'histoire de l'humanité, aucun céphalopode n'attira autant la lumière médiatique. Volant la vedette aux champions du ballon rond, il fut l'une des stars du Mondial 2010.

Cerné par les journalistes et les caméras, ignorant la pression, si ce n'est celle de l'eau, « Paul le poulpe » livrait son pronostic avant chaque rencontre disputée par l'Allemagne. Dans son aquarium, figuraient deux boîtes transparentes décorées aux couleurs des deux équipes. À l'intérieur de chaque boîte, une moule sans sa coquille. Avec gourmandise, il soulevait le couvercle, s'emparait de sa friandise préférée et, ce faisant, désignait le nom du futur vainqueur. Avec un flair infaillible, en match de poule, il pronostiqua la victoire des Allemands contre l'Australie et le Ghana ainsi que la défaite face à la Serbie. Ensuite, il prédit les succès face à l'Angleterre (en huitièmes de finale) et l'Argentine (en quarts de finale).

L'expertise footballistique du poulpe commença à intriguer. Fallait-il invoquer le hasard ? Cette « poulpe fiction » intrigua jusqu'aux scientifiques qui se penchèrent sur le cas de celui qui passe pour le plus intelligent des invertébrés. Il possède neuf cerveaux : un central et un dans chaque tentacule. Des études ont montré que si le poulpe est incapable de différencier les couleurs, en revanche, il peut distinguer la luminosité, les contrastes et les motifs, ce qui expliquerait pourquoi il avait tendance à choisir en priorité les drapeaux à bandes horizontales.

Le 7 juillet 2010, en demi-finales, l'Allemagne affrontait l'Espagne, drapeau rouge à bande jaune. Pas chauvin, Paul prédit une victoire espagnole. Et l'Espagne l'emporta 1 à 0 ! Les supporters allemands eurent le poulpe en travers de la gorge. Des internautes furieux proposèrent de le cuisiner comme en Espagne : à la plancha, en marinade ou dans la paella ! Heureusement, c'était de l'humour, et le chef du gouvernement espagnol de répondre sur le même ton : « Je suis inquiet pour le poulpe. Je pense lui envoyer une équipe de protection. » On abandonna l'idée des mouvements de troupes. Paul le poulpe était sauvé ! Dans le match de classement pour la troisième place, Paul se rabibocha avec les siens en pronostiquant une victoire allemande face à l'Uruguay – drapeau blanc à bandes bleues. L'Allemagne s'imposa 3 à 2. Pour la septième fois consécutive, le poulpe avait visé juste. Restait la finale, entre l'Espagne et les Pays-Bas. Paul le poulpe choisit l'Espagne. Les Pays-Bas trouvèrent alors une parade : un poulpe femelle prénommé Pauline. Contredisant son homologue, Pauline pronostiqua une victoire néerlandaise. L'Espagne s'imposa pendant la prolongation 1 à 0.

Le lendemain, de retour à Madrid avec les champions du monde, le buteur Andrés Iniesta brandissait une peluche qui ressemblait à Paul comme deux gouttes d'eau. À la foule en délire, il déclara : « Grâce au poulpe, nous avons été champions ! »

L'après Coupe du monde conforta l'exceptionnelle influence de Paul le poulpe. En France, une marque de voitures s'en inspira dans un spot publicitaire avec ce slogan : « Pas besoin d'être un poulpe pour trouver la bonne occasion. » En Espagne, Paul fut intronisé citoyen d'honneur de la ville d'O Carballiño, en Galice. En Allemagne, l'aquarium d'Oberhausen devint un lieu de pèlerinage pour les fans de ballon rond du monde entier.

Paul le poulpe aurait pu prendre la grosse tête, au lieu de quoi, avec une touchante humilité, il continua de divertir les enfants qui lui rendaient visite. Malheureusement, il ne profita pas longtemps de sa belle retraite. Le 26 octobre 2010, les journalistes du monde entier annoncèrent une triste nouvelle : Paul le poulpe venait de mourir de vieillesse, deux ans après sa naissance. « C'était prévisible, car il n'était plus très vigoureux ces derniers jours, et ne mangeait plus beaucoup », expliqua l'une des responsables de l'établissement au quotidien allemand *Bild*. On fit son éloge funèbre. Paul le poulpe fut une source d'inspiration pour nombre d'animaux. Pour autant, ni Achille le chat, ni Alf le pingouin, ni Markus le cochon, ni aucun autre ne brilla comme il avait brillé. Personne n'arriva à la cheville ou au tentacule de Paul le poulpe, l'un des plus grands pronostiqueurs de l'histoire.

↑ Le célèbre Paul Le Poulpe
ne se trompe jamais : l'Espagne sera
championne du monde face aux Pays-Bas.

NAUTISME

À VOILE ET À MALHEURS

Le marin a la réputation de n'avoir peur de rien ! Sauf qu'il redoute les lapins, les femmes, le vendredi et bien d'autres choses encore. Soyons honnêtes : le coureur d'océans est un superstitieux au long cours.

← Avarie sur Malizia-Seaexplorer de Boris Herrmann et Will Harris.

Phobie lapine

Le visage buriné à coups de vent et d'embruns, il affronte sans trembler les caprices de la mer mais dès qu'il entend prononcer le mot « lapin », le marin dégaine son fusil de chasse. C'est bien simple, même en terrine ou en civet, le lapin n'a pas le droit de monter à bord. On pourrait croire à du folklore maritime mais la vérité oblige à dire qu'il s'agit d'une superstition solidement ancrée. « On dit "la bête aux grandes oreilles" », déclare le skipper Jean Le Cam. On peut évoquer aussi « le cousin du lièvre » ou encore « la langoustine des prés ». Mais « lapin », jamais ! Armel Le Cléac'h, un autre skipper, se souvient du père d'un copain avec qui il naviguait : « Les albums de Mickey lancés à la flotte parce que Bugs Bunny ou des lapins y étaient dessinés, quand tu as 8 ans, ça marque. » Le navigateur Charlie Dalin se dit « athée en superstition ». N'empêche, il se rappelle une scène cocasse en 2015 avec son coéquipier Yann Eliès : « On allait faire nos courses avant une traversée de l'Atlantique, on voulait prendre des conserves, mais un lapin était représenté sur la boîte, on s'est posé la question de savoir si la malédiction allait frapper si on réussissait à gratter la peinture ! » La simple évocation de ce petit mammifère herbivore serait donc source de grand malheur. Mais pourquoi tant de haine ?

La peur du lapin remonte à l'âge d'or de la navigation, lorsque les marins, effectuant de longs trajets, embarquaient moutons, cochons, poules et lapins pour se nourrir. Quand ils avaient trop faim, les lapins s'attaquaient à leur cage en osier dont ils finissaient par s'échapper. On pouvait les retrouver en train de cavaler sur le pont ou dans la cale en quête de nourriture. Ils grignotaient tout ce qui leur tombait sous la dent : planches, cordages et étoupe de chanvre qui servait à calfeutrer les interstices du bateau. Leur féroce appétit provoqua de nombreux naufrages en raison de l'ouverture de voies d'eau et de démâtages.

Si la malédiction du lapin est en vogue dans la culture maritime française, les Anglo-Saxons, à bord, craignent davantage les bananes (dont les régimes contenaient des araignées mortelles) ou s'abstiennent de siffler en mer (ce qui attirerait les mauvais vents) !

« ON DIT "LA BÊTE AUX GRANDES OREILLES". »

Jean Le Cam

« ON NE MET JAMAIS UN BATEAU À L'EAU UN VENDREDI. »

Jean Le Cam

« Femme au sextant, malheur sur l'océan »

Les clichés ont la vie dure. Au Moyen Âge, il était d'usage de dire que les femmes embarquées sur un bateau pouvaient perturber l'air et provoquer des tempêtes. Colportant cette imbécile superstition, pendant des siècles, les marins refusèrent qu'elles montent à bord. Au cours de voyages pouvant durer plusieurs mois, ils pensaient que leur présence était susceptible de mettre le bateau en danger (convoitise, jalousie, bagarres...). Sous Louis XVI, cela devint même officiel : « Par ordre du roi, la présence de toute femme sur un bateau de Sa Majesté est interdite, sauf pour une courte visite ; un mois de suspension sera requis contre l'officier qui contreviendrait à cet ordre et quinze jours de fer pour un membre de l'équipage qui, lui-même, n'y souscrirait point. » Ces grands superstitieux de marins s'étaient rangés à l'idée que les femmes, en mer, portaient malheur.

En 1990, Florence Arthaud confirma que les femmes pouvaient causer la perte des marins. Première navigatrice à remporter la Route du Rhum, elle perturba l'ordre établi en dominant les hommes de la tête et des épaules.

Jamais le vendredi

Olivier de Kersauson se refuse à prendre la mer en course un vendredi. Son confrère Jean Le Cam est tout aussi catégorique : « On ne met jamais un bateau à l'eau un vendredi. » Chez les chrétiens, le vendredi est le jour des calamités : Jésus fut crucifié ; le diable tenta Ève, et Adam mangea le fruit défendu... Il est une autre explication qui n'a rien de religieux. Autrefois, les marins touchaient leur paye le jeudi soir et ils fêtaient cela : alcool qui coule à flots et gueule de bois sévère ! Quand il fallait reprendre la mer le lendemain, les avaries étaient fréquentes car les esprits étaient loin d'être au beau fixe. Parfois, il était même impossible de lever l'ancre !

STADE TOULOUSAIN

UNE ARME DIVINE

Club le plus titré du rugby français, le Stade Toulousain applique à merveille la recette de la victoire : l'esprit d'équipe, le travail, le combat, la tactique, la concentration, le jeu d'attaque et, dans les grandes occasions, une petite bouteille remplie d'un précieux liquide !

En 1989, au Parc des Princes, Toulouse affronte Toulon en finale du championnat de France. Alors que s'échauffent les deux équipes, un homme en costume-cravate pénètre sur la pelouse et se dirige vers la ligne d'en-but. Dans sa main, une bouteille transparente en forme de Vierge. Il en déverse le contenu : de l'eau bénite venue de Lourdes. À l'issue de la rencontre, les Toulousains s'imposent 18 à 12. Ils remportent le 10e titre de leur histoire. Le premier à l'eau bénite. Faut-il crier au miracle ?

Deux ans plus tard, nouvelle finale et nouvelle offrande à la pelouse mais cette fois les espoirs toulousains tombent en carafe. Le Stade s'incline 19 à 10 devant Bègles. Pour les réfractaires, c'est la goutte d'eau bénite qui fait déborder le vase ! Ce genre de libation ne sert à rien ! À Toulouse au contraire, on continue à croire en ce rituel qui fait couler un peu d'eau, beaucoup d'encre, et qui va démontrer son efficacité. De fait, en restant fidèles à leur étonnant cérémonial, les Toulousains remportent leurs finales quatre fois sur cinq. Apparemment, ça marche (sur l'eau !). Le préposé à l'arrosage de la pelouse s'appelle Jean-Louis Putinier, dit familièrement « Pupu ». À l'occasion de chaque finale (disputée le samedi), ce membre de l'équipe dirigeante se rend à Lourdes dans la journée du mardi. Direction le parvis de la basilique et son robinet d'eau bénite. Il sort sa bouteille en forme de Vierge et la remplit, « toujours la même bouteille », a-t-il confié dans les colonnes de *La Dépêche*. Le flacon importe. La précision aussi. Le jour de la finale, trente minutes avant le coup d'envoi, « Pupu » répand

À TOULOUSE, ON CONTINUE À CROIRE EN CE RITUEL QUI FAIT COULER UN PEU D'EAU ET BEAUCOUP D'ENCRE.

l'eau en commençant obligatoirement par la ligne d'en-but située à droite en sortant des vestiaires. Il est arrivé que des joueurs, lors de l'échauffement, lui demandent de leur verser quelques gouttes d'eau bénite sur les mains. « J'ai repris le flambeau de cette tradition inaugurée par les femmes des joueurs, dans les années 1980, ajoute le fidèle Pupu. L'une d'elles dispersait de l'eau de Lourdes sur le terrain avant les matchs, pour porter bonheur à l'équipe. » Dès 1912, la Vierge fit son apparition dans l'histoire du club. Cette année-là, Toulouse décrocha son premier titre de champion de France sans perdre un match. Le club y gagna le surnom de « Vierge Rouge ». Rien à voir, cependant, avec le sentiment religieux. Tout au long de la saison, la colonne des défaites était restée vierge. Entre superstition et tradition, le Stade Toulousain n'en a pas fini de jouer sous protection divine.

LOURDES

MARADONA

UN CHAPELET DE CROYANCES

Décédé à l'âge de 60 ans, Diego Maradona fut un demi-dieu, un demi-diable, une idole, un génie du ballon rond et un champion du monde de la superstition.

L'Argentine a fait du foot une religion. Maradona y occupe une place unique. Enfant prodige des bidonvilles de Buenos Aires, il fit l'objet, dès ses jeunes années, d'un culte. Sa fougue, sa technique, son épaisse chevelure noire, sa petite taille lui valurent le surnom de *Pibe de Oro*, « gamin en or », figure populaire de l'enfant des rues qui, loin des conventions, s'élève par la ruse.

Joueur vedette alors qu'il était encore adolescent, Maradona avait foi en la religion et... en la superstition. Avant d'entrer sur un terrain, il faisait un signe de croix puis touchait la pelouse du pied gauche, ce pied gauche fantastique qui apprivoisait le ballon mieux que personne et qui faisait tourner en bourrique tous les joueurs qui se présentaient sur son passage.

À compter de 1984, Maradona évolua en Italie sous les couleurs de Naples. Comme en témoignent les retransmissions télévisées, il ne démarrait pas une rencontre sans embrasser sur le front Salvatore Carmando qui, en plus d'être le masseur de l'équipe, était un ami. Puis il lui touchait la tête. Après la mort de Maradona, Carmando déclara : « Ce geste de Diego est entré dans l'histoire. » Il n'avait pas tort. Avec ses tocades superstitieuses et l'insolence de son talent, Maradona emmena Naples jusqu'au titre de champion d'Italie en 1987 et 1990. Naples oublia sa mauvaise réputation, sa misère et sa délinquance maffieuse. Cette cité d'excès et de paradoxes convenait à Maradona, qui y faisait cohabiter le religieux et le profane. D'un côté l'Église et la famille, de l'autre les belles filles, les belles voitures et la cocaïne. Populaire, tumultueux, volcanique, exubérant, capricieux, indiscipliné, il incarnait Naples comme s'il en avait été l'enfant. Il en devint l'icône, apparaissant sur les murs de la ville dans des représentations inspirées du sacré, aux côtés de San Gennaro, le saint patron de Naples. Des autels, installés en pleine rue, lui étaient dédiés.

En 1998, trois supporters argentins ont même créé « l'Église maradonienne », entièrement dévouée au culte de Maradona rebaptisé « D10S », agencement typographique qui renvoie à *dios* (« dieu ») et à *diez* (« dix », en hommage à son maillot). Selon les dernières statistiques, le mouvement footballistico-religieux rassemblerait 120 000 adeptes disséminés à travers soixante pays. L'un de ses fondateurs, cité par Mickaël Correia dans son livre *Une histoire populaire du football* (La Découverte, 2018), explique : « Notre religion, c'est le football, et, comme toute religion, elle se doit d'avoir un dieu. Tout se passe dans le cadre du foot, dans le respect des croyances religieuses quelles qu'elles soient et sans la moindre volonté de les dénigrer. » Deux grandes fêtes rythment le calendrier maradonien qui commence en 1960, année de naissance de Maradona : les Pâques maradoniennes sont célébrées chaque 22 juin pour commémorer les deux buts de Diego face à l'Angleterre en Coupe du monde 1986, et la Noël a lieu le 29 octobre, la veille de l'anniversaire du D10S. Un adepte écossais de l'Église maradonienne confessa : « Qu'est-ce que Jésus a fait que Maradona n'a pas fait ? Ils ont tous les deux fait des miracles, c'est juste que ceux de Maradona sont homologués. »

Après sa carrière de joueur, achevée dans le tumulte de plusieurs suspensions pour dopage, le toujours mythique Diego a embrassé la carrière d'entraîneur sans renoncer à ses pratiques superstitieuses. Lors de la Coupe du monde 2010, il est à la tête de la sélection argentine. Les jours de match, dès qu'il descend du bus, il entonne une chanson dont les paroles contiennent des insultes censées porter chance à ses joueurs. Plus tard, à l'échauffement, il apparaît au milieu de son équipe en survêtement. Puis quand le match débute, il porte un costume gris. Le coach des élégances vestimentaires prend place sur le banc de touche et, pendant la rencontre, il tient un chapelet de sa main gauche. Tous ces rituels pour finir par se faire éliminer par l'Allemagne en quarts de finale 4 à 0. Malade et drogué, Diego Maradona est mort le 25 novembre 2020. Le lendemain, *L'Équipe* titra : « Dieu est mort ».

CHAMAN COLOMBIEN

L'HOMME QUI ARRÊTAIT LA PLUIE

En 2011, en Colombie, pour que la pluie ne tombe pas le jour de la finale, les organisateurs de la Coupe du monde de football des moins de 20 ans ont versé la somme de 5 millions de pesos, environ 2 000 euros, à un chaman. La pluie n'est pas tombée ! Mais les ennuis ont commencé…

Jorge Elias Gonzales Vasquez est mort écrasé par un camion en 2023. Il avait 76 ans. Les Colombiens n'ont pas oublié ce chaman qui, des années auparavant, faisait tomber les billets dans sa poche en éloignant les tempêtes.

À l'été 2011, il fut un acteur important du Mondial des moins de 20 ans organisé par un pays qui voulait briller sur le plan des résultats et de l'organisation. Cérémonie et match d'ouverture se déroulèrent à Barranquilla, en bord de mer. Pas de chance, le ciel était habillé de noir. La pluie tomba en rafale, et la fête fut gâchée ! Trois semaines plus tard, histoire de finir sur une note plus joyeuse, Ana Marta de Pizarro, responsable de l'organisation, engagea le fameux chaman. Sa mission consistait à éloigner la pluie de Bogota le jour de la finale et de la cérémonie de clôture. Mission délicate car le temps commençait à tourner à l'orage. Monsieur Vasquez se mit dans tous ses états : genoux au sol, bras ouverts vers le ciel menaçant et prière aux dieux, les implorant de « tenir le mauvais temps à distance ». En transe, armé de pendules, de cordes, de bâtons, de machettes et de croix, il en appela aux champs magnétiques pour repousser les intempéries. Ses efforts furent récompensés. Aucune trace de pluie et pas une ombre au tableau (sauf pour la France battue lors du match de classement pour la 3e place). En finale, le Brésil triompha du Portugal, et la cérémonie de clôture fut de toute beauté.

Les ennuis arrivèrent un an plus tard. Un contrôleur du fisc colombien mit son nez dans l'affaire des super-pouvoirs météorologiques du chaman, financés par l'argent du contribuable.

Mme Pizarro, l'organisatrice, se défendit : « Il n'a pas plu le jour J. S'il avait plu, l'événement n'aurait pas eu lieu. La cérémonie a été un succès, et j'aurais à nouveau utilisé le chaman si j'en avais eu besoin. » Le bureau du contrôleur fit paraître un communiqué : « La loi sur les marchés publics exige l'efficacité et le professionnalisme de la part de tous les prestataires de services payés par des fonds publics et cela n'inclut pas les chamans. »

La presse fit des révélations. Pendant des décennies, des organisateurs de manifestations culturelles avaient payé le chaman pour éloigner les nuages qui menaçaient festivals, concerts en plein air, événements sportifs… Mieux encore, en 2010, le chaman avait été engagé pour empêcher la pluie lors de l'investiture de Juan Manuel Santos Calderón au poste de président de la République. Un article égratigna aussi la réputation du chaman : une pluie torrentielle avait inondé sa ferme. Lui qui prétendait éloigner la pluie, il devint la risée du pays. Il cessa ses activités paranormales et prit sa retraite.

Jorge Vasquez refusait d'être considéré comme un chaman ou un sorcier, ni même comme un Dieu. Un peu escroc, alors ?

UNDACION CARNAVAL DE BARRANQUILLA

RADIO HAMBURG
CASIO CASIO

CHAMAN ÉQUATORIEN

MAUVAIS SIGNE INDIEN

Lors de la Coupe du monde de football 2006, l'équipe équatorienne emmène avec elle Tzamarenda Naychapi, un mystique d'origine indienne qui, en plus de ses pouvoirs divinatoires, dispose d'un pouvoir de nuisance...

Les joueurs de l'Équateur portent un nom qui vole haut : les Condors. En 2006, ils enchaînent une deuxième participation consécutive au Mondial qui se déroule en Allemagne. La fédération met toutes les chances de son côté. Elle engage le chaman Tzamarenda, autorité spirituelle, chasseur d'esprits et défenseur de la cause des Indiens Shuars... La ministre équatorienne du Tourisme, María Isabel Salvador, veut profiter de la compétition pour promouvoir le football équatorien et son pays, à travers ses produits et sa culture. Elle est convaincue que le monde est en quête de spiritualité et que Tzamarenda peut apporter un message de paix et d'optimisme.

Le spécialiste en rites chamaniques et en purification des lieux se déplace sur les douze stades de la compétition afin de repousser les mauvais esprits. Il se dirige pieds nus vers le centre du terrain, habillé d'une jupe en peau de léopard, il porte sa lance traditionnelle, ses plumes de toucan et de colibri, ses colliers, ses bracelets... Arrivé à destination, il pousse un cri. Puis il revient au bord du terrain et livre ses impressions. À qui veut l'entendre, il se présente comme un « guerrier shuar » de la haute montagne vivant de pêche, de chasse et de cueillette, accomplissant ses rituels pour guérir le monde de ses maux et de ses plaies. « Je suis venu en Allemagne, déclare-t-il, pour apporter une énergie positive. »

Quel crédit accorder aux pouvoirs chamaniques de Tzamarenda ? En phase de poule, l'Équateur bat nettement la Pologne puis le Costa Rica avant d'affronter l'Allemagne. À cette occasion, on frôle l'incident diplomatique lorsque le chaman est surpris en train d'enterrer une plume pour jeter un sort. Les Allemands l'emportent 3 à 0. Toutefois, en terminant deuxièmes de leur groupe, les Condors se qualifient en huitièmes de finale pour la première fois de leur histoire. Battus 1 à 0 par les Anglais, ils rentrent au pays sous les acclamations populaires. Quant à Tzamarenda, auréolé de cette performance inédite, il en profite pour soigner sa notoriété et son compte en banque.

Au lendemain de la Coupe du monde, Il fait de la publicité pour une marque de téléphone. Il est l'un des premiers Indiens Shuars à disposer d'un portable. Habile et beau parleur, intelligent et séducteur, en peau de léopard ou en tenue civile, le chaman est capable de donner à ses interlocuteurs ce qu'ils cherchent : l'exotisme, le dépaysement, la connaissance de pratiques ancestrales...

Capable de prédire l'avenir en purifiant le présent, le chaman, pour autant, n'a rien vu du passé qui commence à le rattraper. En France, Tzamarenda n'est pas un inconnu. En 2004, invité du Festival des folklores qui se tient à Chambly, dans l'Oise, il se présente comme porte-parole de la tribu Shuar. Avec éloquence, il dénonce les compagnies pétrolières qui laminent leur territoire. Un élan de solidarité se déploie immédiatement. Une association est créée, Tzamarenda Oise, un appel aux dons est lancé. Tzamarenda encourage les donateurs. Matériel scolaire et médicaments sont acheminés sur place. L'argent arrive, des dizaines de milliers d'euros, pour financer l'achat de panneaux solaires et d'une pompe à eau. En juillet 2005, une délégation de douze personnes se rend sur place en Équateur. Avant de découvrir que Tzamarenda a détourné l'argent à des fins personnelles. Bref, une arnaque humanitaire doublée d'une arnaque au chamanisme !

AMÉRIQUE DU SUD

CHAMANS PÉRUVIENS VS NEYMAR

LES GRANDES MANŒUVRES CHAMANIQUES

En 2023, en match de qualification à la Coupe du monde 2026, le Pérou affronte le Brésil. Pour empêcher le Brésilien Neymar de briller, les Péruviens reçoivent le soutien des meilleurs chamans du pays. Qui n'en sont pas à leur premier cérémonial !

Dépositaires d'un savoir millénaire, les chamans, au Pérou, inspirent respect et confiance. Ils savent réveiller les dieux des montagnes, dialoguer avec les étoiles et entrer en communication avec les défunts. Ils peuvent guérir les maux du cœur et du corps. Ils sont sollicités pour conquérir un être aimé, faire prospérer une entreprise ou même écarter des ennemis. En cas de besoin, ils donnent aussi dans le pronostic sportif... Souvent, ils se trompent !

Comme en 2014 où, après avoir mené un rituel mystique mêlant feuilles de coca, crânes peints et photos de stars du foot, les chamans péruviens ont eu une « vision » : le Brésil gagnerait la Coupe du monde de football. Sans doute ont-ils forcé un peu sur la coca, car l'Allemagne a triomphé.

Disputé à Lima, 2 334 mètres d'altitude, le match Pérou-Brésil du 12 septembre 2023 va atteindre les très grandes hauteurs. À l'initiative des chamans, un autel a été érigé en pleine rue, près du stade. On y trouve amulettes, épées, une poupée de chiffon, des drapeaux et des photos des joueurs. Ils se livrent à un sortilège ancestral pour affaiblir l'ennemi. Ils implorent Tayta Inti, le père Soleil, afin qu'il neutralise Neymar, le meilleur joueur brésilien. Alors qu'il vient juste de finir de souffler dans une conque, Félix Rondán, le chef du groupe des chamans, déclare à l'Agence France Presse : « Neymar ne fera rien. Nous l'avons attaché pour qu'il n'ait pas de physique, qu'il ne coure pas et qu'il ne joue pas bien. » Son collègue chaman, Walter Alarcón, a précisé qu'il s'agissait d'obscurcir l'esprit de l'attaquant brésilien pour lui faire perdre ses repères et ses objectifs. Afin de multiplier leurs chances de réussite, les chamans ont aussi placé des plantes à épines et des coquillages sur les photographies d'autres joueurs vedettes de la sélection brésilienne, comme Richarlison ou Casemiro.

Avant la cérémonie, les chamans ont consommé de l'ayahuasca, un puissant mélange hallucinogène à base de plantes qui ouvre la porte au monde des esprits. « Le résultat sera favorable au Pérou, nous voyons un match nul mais le match sera difficile », prédit le chaman Alarcón.

Le match se dispute devant 56 000 spectateurs qui, pour l'essentiel, soutiennent la Blanquirroja, l'équipe nationale péruvienne aux couleurs rouge et blanc. Conformément aux prévisions chamaniques, Neymar n'arrive pas à marquer et, lorsqu'une occasion se présente, il bute sur le gardien. Les Péruviens tiennent leur exploit et se dirigent tout droit vers un match nul 0 à 0, comme les chamans l'avaient prédit. Mais à la dernière minute de jeu, corner pour le Brésil. Neymar tape dans le ballon qui arrive sur la tête de son partenaire Marquinhos. Et le ballon termine sa course au fond des filets péruviens. Désillusion. Le Brésil s'impose 1 à 0. Les pouvoirs des chamans ont des limites. Il aurait fallu neutraliser toute l'équipe brésilienne !

LEICESTER CITY
FOOTBALL CLUB

LEICESTER

JUSQU'AU-BOUDDHISME

Avec le soutien spirituel de moines thaïlandais, Leicester City Football Club a remporté le championnat d'Angleterre en 2016. À la surprise générale !

Coté chez les bookmakers à 5 000 contre 1 en début de saison, le sacre de Leicester est l'un des plus grands miracles jamais advenus dans l'histoire moderne du foot anglais. Budget minuscule, palmarès inexistant, l'équipe des Midlands ne comptait aucun joueur vedette dans son effectif. En revanche, son président sortait de l'ordinaire. Il était thaïlandais, milliardaire, magnat du duty free, discret et bouddhiste fervent. Il s'appelait Vichai Srivaddhanaprabha et ne s'interdisait aucun rêve.

En 2010, il acheta le Leicester City FC dont l'équipe porte le surnom de *Foxes* (« les Renards »). Les joueurs évoluaient alors en deuxième division. L'une de ses premières décisions consista à faire venir régulièrement des moines bouddhistes de Thaïlande en Angleterre pour qu'ils bénissent l'effectif, le staff et le stade. Un chapiteau fut érigé à côté du King Power Stadium où, avant les matchs, le vénérable Phra Prommangkalachan posait ses mains sur la tête des joueurs. Il leur apporta calme, grâce et confiance. En 2014, Leicester remonta en Premier League. Lors de la fête qui suivit, certains joueurs portaient des colliers de fleurs et brandissaient des statues de Bouddha. À l'intersaison, l'équipe fit le déplacement à Bangkok pour rencontrer Phra Prommangkalachan, drapé en orange dans son temple immense de marbre blanc. « J'ai accroché à leurs cous des amulettes sacrées et je leur ai donné des étoffes porte-bonheur », a expliqué le moine à l'Agence France Presse. Ces étoffes, décorées du logo du club et portant des inscriptions sacrées, devaient permettre aux joueurs « d'être endurants, d'être forts mentalement et de ne pas craindre leurs adversaires, même les grandes équipes ».

Au cours de la saison 2015-2016, grâce à un dopage spirituel qu'aucun règlement n'interdit, la réussite des Foxes fut exceptionnelle. L'équipe renversa les clubs les plus fortunés du championnat. À titre d'exemple, chaque de joueur de Manchester City valait dix fois plus que chaque joueur de Leicester. L'équipe était transfigurée et son manager, l'Italien Claudio Ranieri, dégageait une attitude plus zen que jamais. Une sérénité qui s'intégrait parfaitement à la vision du propriétaire thaïlandais : le collectif plutôt que les stars individuelles.

Le 2 mai 2016, deux journées avant la fin du championnat, Leicester City fut sacré champion d'Angleterre pour la première fois de son histoire. Lors du match décisif, Phra Prommangkalachan paya de sa personne : « J'ai prié pour eux de 2 heures à 4 heures du matin. La victoire ne vient cependant pas de moi, mais de l'équipe et de la bonté du propriétaire. » Et il ajouta : « La méditation consiste à rendre l'esprit aussi neutre que possible et à éviter l'excitation et les perturbations. Le Bouddha a dit que le calme, le bonheur et l'unité contribuent à la concentration. Leicester a montré sa capacité à rester concentré pendant les matchs, et cela a largement contribué à sa belle saison. » Tous sports confondus, jamais les bookmakers n'avaient vu une cote aussi forte l'emporter. Avant son titre, le meilleur classement du club était une deuxième place lors de la saison 1928-1929.

Le succès des Foxes en Premier League enflamma la Thaïlande, des centaines de fans se massant devant un écran géant à Bangkok pour assister aux matchs.

La fulgurante ascension de Leicester connut cependant un épilogue tragique. Le 27 octobre 2018, après un match, l'hélicoptère du président Vichai Srivaddhanaprabha décolla de la pelouse mais à peine eut-il atteint la hauteur du toit des tribunes, qu'il se mit à tournoyer sur lui-même. Il finit par s'écraser et prendre feu, provoquant la mort des cinq occupants. Son fils reprit les rênes du club mais, en dépit du soutien indéfectible des moines bouddhistes, jamais le club ne retrouva son éclat. L'équipe fut même reléguée en deuxième division à la fin de la saison 2023 avant de remonter en Premier League en 2024.

À L'ÉCOLE DES SORCIERS

Terre de football et de croyances, le continent africain est propice aux esprits en tous genres, aux baumes magiques ou aux amulettes. Comment ensorceler les joueurs de l'équipe adverse, le terrain ou le ballon ? Voici un tour d'Afrique des superstitions en treize étapes !

AFRIQUE DU SUD

Coupe d'Afrique des nations 1998. L'équipe nationale sud-africaine s'incline en finale devant l'Égypte 2 à 0. Pourtant, Jomo Sono, l'entraîneur de l'Afrique du Sud, avait recruté deux personnes affectées à des « projets spéciaux », deux guérisseurs dont les pommades appliquées sur les joueurs devaient garantir la victoire et contrecarrer les sorts jetés par les sorciers des autres équipes.

BÉNIN

Le 22 novembre 2023, après un décevant match nul 0 à 0 face au Lesotho en match éliminatoire de la Coupe du monde 2026, Gernot Rohr, sélectionneur allemand de l'équipe nationale, déclare, selon le site Afrik Foot : « Je crois qu'il y a des gens au pays qui font des grigris, il va falloir se renseigner. Est-ce qu'on peut trouver quelqu'un pour nous enlever cette poisse ? À un moment donné, on avait l'impression qu'on pouvait faire tout ce qu'on voulait, mais la balle ne voulait pas rentrer. »

« JE CROIS QU'IL Y A DES GENS AU PAYS QUI FONT DES GRIGRIS, IL VA FALLOIR SE RENSEIGNER. EST-CE QU'ON PEUT TROUVER QUELQU'UN POUR NOUS ENLEVER CETTE POISSE ? »

Gernot Rohr

CAMEROUN

Coupe du monde de football 1982. Le Cameroun affronte le Pérou. Plus qu'un match, c'est un duel qui oppose sorciers et chamans. Des mois avant le coup d'envoi, un marabout recommande aux footballeurs camerounais de plonger les photos de leurs rivaux péruviens dans du sang de poulet noir afin d'obtenir une aide divine et de remporter la rencontre. En représailles, des chamans péruviens déterrent un crâne pour porter chance à leurs joueurs. Résultat : 0 à 0 ! Match nul… sur toute la ligne.

Coupe d'Afrique des nations 2002. Avant le début de la demi-finale Cameroun-Mali qui se joue à Bamako, le Camerounais Thomas Nkono, ancien gardien de but légendaire et entraîneur adjoint, fait quelques pas sur la pelouse pour tester le gazon. Alors qu'il se dirige vers la surface de réparation, des policiers lui sautent dessus et le plaquent au sol sans ménagement. Il est suspecté d'avoir placé un grigri dans les cages. Menotté, Nkono quitte le terrain les mains levées au-dessus de la tête en signe de défi. Après un rapide interrogatoire, la maréchaussée locale le laisse regagner le banc de touche. Deux heures plus tard, le Cameroun bat le Mali 3 à 0. Le président malien en personne descend dans les vestiaires présenter ses excuses à Thomas Nkono, regrettant l'excès de zèle des forces maliennes. Comme on dit : honni soit qui Mali pense !

CONGO

En avril 2012, en République démocratique du Congo, avant un match, un sorcier du TP Mazembe, célèbre club congolais de Lubumbashi, a arraché avec ses dents la tête d'un poulet vivant, sous les yeux des joueurs du Power Dynamos de Zambie qui venaient de descendre du bus. L'équipe zambienne, visiblement secouée par le spectacle d'épouvante, s'est inclinée 6 buts à 1.

CÔTE D'IVOIRE

Coupe d'Afrique des nations 2024. Suite à l'humiliante défaite des footballeurs ivoiriens contre la Guinée équatoriale (4-0), des émeutes éclatent à Akradio, ville de 15 000 habitants située à une heure de route d'Abidjan. Selon un compte rendu de la police, cité par *Le Monde*, « une vieille femme âgée de 70 ans, nommée Amélie Tuo Lath, aurait vendu mystiquement le match de la Côte d'Ivoire, ce qui a occasionné la perte du match de notre équipe nationale. Cela a provoqué la colère des populations du village, qui ont incendié sa maison. » À Akradio, considéré comme le siège ivoirien des pratiques occultes, vivent des sorciers qualifiés de « préparateurs psychologiques ». Ils auraient joué un rôle décisif dans les deux victoires de la Côte d'Ivoire à la CAN en 1992 et 2015 !

ÉGYPTE

Équipe la plus titrée du continent avec 7 victoires en Coupe d'Afrique des nations, l'Égypte n'est pas insensible aux croyances occultes, comme en témoigne l'agent de joueurs Hamed Alade, cité par *New Lines Magazine* : « Après le Maroc, l'Égypte est le deuxième pays à pratiquer la magie africaine, le "juju". C'est à cause de l'influence historique du Soudan, quand les deux pays ne faisaient qu'un. L'influence du Sud profond a une fois de plus conduit à un mélange des influences culturelles. Quand l'Égypte a gagné la Coupe d'Afrique en 2008 contre le Cameroun, les Égyptiens n'avaient pas hésité à sacrifier de nombreuses vaches avant la finale ! »

MOHAMMED MOSSI A MIS LE FEU À SES BUTS. IL VOULAIT CHASSER LES MAUVAIS ESPRITS.

GHANA

Le Ghanéen Robert Mensah est l'un des meilleurs gardiens de l'histoire du football africain, célèbre pour ses talents et la casquette qui ne quittait jamais son crâne les jours de match. Cette casquette donnée par son grand-père aurait été, selon la légende, un grigri pour aider Mensah à détourner le ballon hors de ses cages. Sa casquette avait fini par énerver ses adversaires au point que certains d'entre eux essayèrent de la lui enlever en pleine rencontre. Mensah n'hésita pas à distribuer quelques coups de poing pour la conserver, coûte que coûte, sur la tête.

KENYA

Né en 1988, le milieu de terrain kényan Justus Anene Namai a évolué dans plusieurs championnats sur le continent africain (Kenya, Ouganda, Tanzanie et Zambie). Son témoignage, dans *New Lines Magazine* donne une idée de l'emprise de la sorcellerie sur le football. « En Tanzanie, j'ai fait des essais pour entrer dans une équipe, le Yanga FC [établi à Dar es Salam]. Les dirigeants m'ont dit que, pour faire partie de l'effectif, je devais être tué spirituellement et ressusciter. J'ai refusé et j'ai dû partir. » En quoi consistait cette mort spirituelle ? « Un sorcier vous met sous un drap blanc et l'asperge du sang d'un poulet égorgé. C'est ce qu'ils appellent « la mort ». Ensuite le drap est retiré et cela symbolise la renaissance. Il faut en passer par là. En cas de défaite de l'équipe, si vous ne vous êtes pas soumis au rituel, les dirigeants diront que c'est votre faute. »

RWANDA

Le 7 juin 2003, lors d'un match de qualification pour la Coupe d'Afrique des nations entre l'Ouganda et le Rwanda, l'arbitre arrête le match au bout de quelques minutes. Il se trouve que le gardien rwandais Mohammed Mossi a mis le feu à ses buts. Il voulait chasser les mauvais esprits. Les flammes menacent une tribune, mais après intervention des pompiers l'incendie et l'incident sont clos. L'arbitre autorise les deux équipes à reprendre le match. Score final : 1 à 0 en faveur du Rwanda.

SÉNÉGAL

Octobre 2023. À la veille de l'ouverture du championnat, la ligue sénégalaise prend une décision radicale : il est interdit aux joueurs d'« entrer en reculant sur le terrain », interdit d'y « creuser un trou », interdit de « se couvrir de tissus de toutes sortes » ou d'« exhiber un talisman dans l'aire de jeu ». Cette batterie répressive entend lutter contre les pratiques occultes et les rituels mystiques qui perturbent trop souvent le bon déroulement des rencontres. En effet, il arrive que des joueurs s'allongent subitement sur la pelouse ou que d'autres aillent placer des fétiches au fond des filets. Désormais, les contrevenants risquent un retrait de points au classement, la perte du match sur tapis vert ou une amende pouvant atteindre plusieurs milliers d'euros. Combat difficile à mener. Selon Hameth Dieng, enseignant chercheur en sciences sportives à l'université de Saint-Louis du Sénégal, le recours aux marabouts et aux féticheurs est le « prolongement de réalités et de croyances sociétales profondément enracinées » (*Le Monde*).

En 2002, le site Afrik Foot soulignait que les dirigeants de la Fédération sénégalaise de football avaient dépensé 140 000 euros auprès de marabouts, dont la mission était de favoriser la victoire de l'équipe nationale (cette année-là, le Sénégal avait atteint la finale de la Coupe d'Afrique des nations et les quarts de finale de la Coupe du monde).

Tony Sylva, gardien de but de la sélection sénégalaise, a été accusé en 2000 d'avoir engagé un sorcier pour enduire ses poteaux d'une pommade magique avant le début d'un match. Acte délibéré ? Légende ? Toujours est-il que le Sénégal a battu la Zambie 1 à 0. Après avoir passé la pommade, Sylva est resté 448 minutes sans prendre de but avec l'équipe nationale.

TANZANIE

En 2003, les deux plus grands clubs du pays, Yanga FC et Simba Sports Club, ont été condamnés par la fédération à payer une amende pour avoir pratiqué des rituels de sorcellerie avant la rencontre qui les opposaient. Deux joueurs du Yanga FC avaient uriné sur le terrain afin de neutraliser le pouvoir maléfique des substances (poudres diverses et œufs) jetées auparavant par leurs adversaires.

ZAMBIE

Lors d'un match de première division, les deux équipes ont refusé de quitter le terrain à la mi-temps, car elles pensaient que ça leur porterait malheur de sortir avant ou après l'autre. Il a fallu palabrer et négocier de longues minutes avant de ramener les joueurs à la raison.

L'ancien joueur Nchimunya Mweetwa, international zambien, raconte au *New Lines Magazine* qu'en Zambie, la magie noire se pratiquait dans les équipes du lycée : « C'est culturel. Les Africains sont attachés aux traditions, et l'une de nos traditions consiste à jeter des sorts. Les joueurs de l'équipe étaient convaincus que le recours à des amulettes était plus important que l'entraînement sur le terrain. Notre "grigri" était une huile, que nous appliquions sur les jambes, et ceux qui y croyaient vraiment avaient apparemment plus d'énergie et de motivation. Personnellement, j'avais beau ne pas y croire, nous avons quand même battu beaucoup d'adversaires, donc ça avait un effet sur les joueurs. »

ZIMBABWE

En octobre 2008, l'entraîneur de l'équipe Midland Portland Cement qui évolue en deuxième division nationale a une idée : pour enrayer une série de mauvais résultats, il envoie ses joueurs se baigner dans le fleuve Zambèze avant un match de championnat. Il veut purifier son équipe et la laver de l'influence néfaste des spirites. Les seize joueurs se jettent à l'eau. Malheureusement, l'un d'entre eux n'est jamais revenu. Le commandant de la police locale a déclaré au *Herald* que « la zone où l'équipe nageait est interdite car le courant est fort », ajoutant que « la rivière est également infestée de crocodiles et d'hippopotames ».

BRUCE GROBBELAAR

BRUCE TOUT PISSANT

En août 2022, le magazine anglais de football *FourFourTwo* rédige un titre qui interpelle : « Bruce Grobbelaar en exclusivité : "J'ai fait pipi sur les poteaux d'Anfield pour aider Liverpool à remporter la Premier League." » Une étrange affaire qui trouve sa source en Afrique.

Le Zimbabwéen Bruce Grobbelaar a fait les beaux jours de Liverpool. De 1981 à 1994, ce gardien de but fantasque et (parfois) fantastique a disputé 628 matchs sous la couleur des Reds, remportant six titres de champion d'Angleterre et une Coupe d'Europe. Grobbelaar évolue dans les rangs d'une équipe en vue et vit la période la plus faste d'une carrière dont la trajectoire ne ressemble à aucune autre.

Né en Afrique du Sud en 1957, il arrive en Rhodésie avec sa famille alors qu'il est âgé de 2 ans. Il commence à jouer au foot avec l'équipe locale. Plus tard, il découvre qu'un sorcier accomplit des rites et des incantations pour faire gagner l'équipe : « Avant chaque match, a expliqué Grobbelaar, nous nous mettions en cercle pendant que le sorcier tenait un seau d'eau dans une main et la queue d'une chèvre dans l'autre. Il plongeait la queue dans le seau où au fond, il y avait de la bouse de vache et de l'herbe. Puis, il en saupoudrait chaque joueur. Ensuite, on allait au stade et on jouait. Si on gagnait, le sorcier était la vedette. »

De 1973 à 1975, alors que la guerre civile déchire le pays, entre minorité blanche au pouvoir et insurgés représentant la population noire, Grobbelaar est enrôlé dans les rangs de l'armée rhodésienne. « Comment puis-je oublier ou me pardonner d'avoir tué un être humain, même si c'était pendant une guerre ? J'en fais encore des cauchemars. Tout le reste dans la vie semble insignifiant comparé à mes années dans les forces armées », a déclaré Grobbelaar des années plus tard. Confronté à l'horreur d'une guerre, il a toujours pensé qu'il ne fallait pas prendre le football avec trop de sérieux. Et il l'a prouvé ! En 1984 à Rome, lors de la finale de la Coupe d'Europe entre l'AS Rome et Liverpool, il prendra la séance des tirs au but à la rigolade alors qu'une extrême tension règne sur le terrain. Ce soir-là, Bruce, le nonchalant à moustache, donne une leçon de (fausse ?) décontraction pour intimider les tireurs transalpins qui se présentent face à lui. Il sourit, mord les filets, tire la langue, grimace. Le clou du spectacle, c'est lorsque, mimant la peur qui le fait vaciller, il bouge les jambes à la manière de deux spaghettis bien cuits. « Je me suis dit qu'on était à Rome où les spaghettis sont un plat national donc j'ai fait les *spaghetti legs* », confia Grobbelaar. Ses facéties entrent dans la légende, les Italiens tirent à côté de la cage à deux reprises, Liverpool est champion d'Europe. Grobbelaar devient le premier joueur africain à remporter ce prestigieux trophée.

L'après-carrière de Bruce a été marquée par une vilaine affaire de paris truqués (il a finalement été blanchi faute de preuves). Il revient en force dans l'actualité lorsqu'il avoue qu'en 2019, invité à disputer un tournoi interentreprises sur la pelouse de Liverpool, il s'est livré à une pratique surprenante : « J'ai pris une bouteille d'eau que j'ai vidée et j'ai fait pipi dedans. J'en ai répandu sur les poteaux et sur la barre transversale des deux côtés du terrain. » Il ne s'agit ni d'un geste gratuit ni d'une provocation mais d'un acte de superstition. Bruce a décidé de prendre les choses en main car l'équipe de Liverpool n'avait plus remporté le championnat anglais depuis trente ans. Et la dernière fois, il en était le gardien de but. Pour mettre fin à cette malédiction, il a fait appel à ses souvenirs : « En Afrique, si le terrain était maudit, tu pissais sur les poteaux. » Suite à sa petite séance d'arrosage, l'équipe de Liverpool a enchaîné une série de 18 victoires consécutives et, au terme d'une saison exceptionnelle, a remporté le championnat de Premier League avec 18 points d'avance sur le deuxième, son plus proche rival, Manchester City ! Un soulagement qui devait beaucoup à celui qui avait fait don de sa personne.

« EN AFRIQUE,
SI LE TERRAIN
ÉTAIT MAUDIT,
TU PISSAIS SUR
LES POTEAUX. »

← Le 23 juin 1985, le ciel de Lima est tombé sur la tête de Maradona. Dans un climat de grande tension et de rumeurs d'enlèvement de son numéro 10 fétiche, l'Argentine est battue (0-1) par le Pérou et n'est plus certaine de se qualifier pour le Mondial 1986 au Mexique.

F.C. NANTES

ÉTIENNE BONAMY

« LE JOUR OÙ JE SUIS DEVENU UN PORTE-BONHEUR »

Parti pour un reportage en immersion avec le FC Nantes de Jean-Claude Suaudeau, j'en suis revenu avec une réputation de porte-bonheur. Si vous ne me croyez pas, lisez la suite.

À l'automne 1992, journaliste à *L'Équipe Magazine*, j'ai suivi le repêchage du FC Nantes-Atlantique, très mal en point financièrement et finalement maintenu en Division 1 en juin précédent. Guy Scherrer avait succédé à Max Bouyer au poste de président. Jean-Claude Suaudeau, rappelé en février 1991, avait rajeuni l'effectif, et le miracle s'était produit. Après dix matchs dans une saison qui s'annonçait délicate, Nantes en avait déjà gagné sept et perdu un seul (à Monaco). Excellente raison pour aller vivre une dizaine de jours avec les Nantais.

J'étais passé par Robert Budzynski, le directeur sportif du FCNA, le compère de « Coco » Suaudeau, et je lui avais expliqué le projet : on se retrouverait au stade Vélodrome de Marseille le 17 octobre, jour d'OM-Nantes, et avec Alain de Martignac, le photographe, on les suivrait toute la semaine. À l'entraînement et autour, jusqu'au match suivant contre Montpellier, le 24. « Bud » avait accepté, assuré que nous serions bien reçus, même si je ne suis pas sûr qu'il avait tout bien ficelé avec Suaudeau. L'entraîneur nantais ne passait pas pour le plus chaleureux avec les journalistes, toujours un peu distant, voire méfiant, quand il guettait les questions à venir.

Comme convenu, on se retrouve au Vélodrome. « Coco » est poli, on se serre la main, il reste à distance, concentré sur le match une heure plus tard. Nantes gagne 1-0, Suaudeau apparaît à l'extérieur du vestiaire, écoute les questions. Un ou deux sourires. Direction l'hôtel pour dîner, la délégation nantaise ne repart que le lendemain sur un vol Air Inter. Marseille-Paris puis Paris-Nantes. On suit.

Nous dînons au même restaurant, idéal pour quelques échanges avec le coach. Poli. « Vous allez être là tous les jours ? » Un coup d'œil à « Bud », Suaudeau est un peu intrigué. Son ami Jean-René Toumelin, chirurgien-dentiste et membre du comité directeur, est plus disert. On parle football, un peu. De l'OM, un peu. De Nantes, surtout.

Entraînement pour tout le monde

Le dimanche matin à l'aéroport de Marignane, la troupe jaune se défile. Dans l'avion, soit c'est dodo, soit c'est entre potes. Toumelin et Suaudeau discutent. En milieu d'après-midi, joueurs et staff sont à destination. « Les gars, demain, c'est 9 heures pour 9 h 30 », rappelle Suaudeau. « Vous serez à l'heure aussi, si vous voulez savoir comment ça se passe dans un club », nous lance-t-il.

Le lundi, on est à l'heure à la Jonelière, le centre d'entraînement et de vie des Canaris. Suaudeau est déjà là. « Vous allez passer toute la semaine avec nous », et s'adressant à moi : « Grand, bien sûr, t'as pas apporté tes affaires ? » Il sourit. La remarque m'a planté là. Coco revient cinq minutes plus tard. Pour Alain et moi, il porte à bout de bras les tenues : chaussures, short, maillot d'entraînement, chaussettes. Il nous montre deux petites armoires dans le vestiaire des coaches. « Installe-toi là. Tu veux savoir comment ça se passe ? Eh bien, tu vas t'entraîner. » Georges Eo, son adjoint, se marre. Les pros qui passent une tête nous observent en tenue. David Marraud chambre un peu, les autres filent vers les terrains pour le footing matinal. Nous aussi.

Toute la semaine va faire monter l'ambiance, renforcer la proximité. Coco Suaudeau est détendu. On se retrouve tous les deux à parler foot, tactique, jeu. Un régal. Il se confie, les joueurs aussi. Le boulot, la vie en dehors, le foot, le social, tout y passe. Naturellement, on rejoint la mise au vert à l'hôtel de la banlieue nantaise le vendredi, veille de la venue de Montpellier à la Beaujoire. On dîne avec Budzynski, Toumelin. Suaudeau se tient debout près de la table. Il glisse quelques anecdotes. Un café et au lit.

Le coach a accepté que l'on entre dans le vestiaire jusqu'au coup d'envoi mais pas question d'être sur le banc de touche, chasse gardée et... surveillée par le délégué de la Ligue. OK, on se tiendra debout, derrière ou à côté. La démonstration nantaise est sans appel : 6-0. On chambre un peu les Montpelliérains. Suaudeau taquine le juge de touche. Dans le vestiaire embué, il est tout sourire. « Grand, t'es venu au bon moment, non ? » Nantes est en tête du classement. Inimaginable quatre mois plus tôt.

← Jean-Claude Suaudeau, maître artisan du jeu à la nantaise. Avec sa jeune équipe des années 90, le football avait tout à gagner de rester un jeu.

Comme d'habitude après les matchs à Nantes, le coach dîne avec Toumelin et Budzynski dans une brasserie du centre. On passe les saluer, boire un verre. « Vous êtes là demain ? » Bien sûr. « Et on te voit à Saint-Étienne jeudi ? » me lance Jean-René Toumelin. Pas prévu. « Dis à ton journal de t'y envoyer. T'es notre porte-bonheur. » On rigole et le lendemain, à la Jonelière, on salue tout le monde, retour à Paris. « Tu ne veux pas venir à Saint-Étienne ? » lance encore Suaudeau. Toujours pas.

Quatre jours après, Nantes perd à Geoffroy-Guichard (0-1). Aïe ! L'équipe enchaîne une série sans victoires jusqu'au 12 décembre, le soir où Suaudeau et ses joueurs viennent au Parc des Princes. J'y suis. Coco me voit, Toumelin aussi. « T'es là ? C'est bon signe ! » Ça m'amuse. Et Nantes gagne (1-0), fin d'une série de cinq matchs sans succès. « Qu'est-ce que je t'avais dit ? » me lance Toumelin. Et me voilà inscrit dans la liste des petites superstitions qui guident les grandes équipes. J'ai du mal à y croire.

Le baromètre de la victoire

Six mois plus tard, devenu rédacteur en chef de la rubrique football de *L'Équipe*, je suis à Geoffroy-Guichard pour la demi-finale de Coupe de France, Saint-Étienne-Nantes, le 6 juin, un dimanche forézien ensoleillé. En discussion sur la pelouse longtemps avant le coup d'envoi, je vois fondre vers moi Jean-René Toumelin. « T'es venu ? On va gagner. Viens, viens au vestiaire. » Je le suis. Toumelin hèle Suaudeau. Il se retourne, souriant. « Grand, t'es là, on va gagner. » J'aimerais tempérer cet enthousiasme et me montrer un peu plus terre à terre, mais... en fin de match, c'est Nantes qui

«T'ES LÀ ? C'EST BON SIGNE !»

se qualifie (1-0). Retour au vestiaire. Le duo nantais m'accueille. « Tu seras bien là samedi ? [le 12 juin, jour de la finale au Parc contre le PSG] ». Évidemment. Sauf que la veille, je tombe malade. Grosse crève. Impossible de sortir du lit.

Le soir, je regarde à la télévision les Nantais se faire éparpiller par les Parisiens (0-3) avec trois expulsions. Le dimanche, je discute au téléphone avec un des reporters de *L'Équipe* au Parc. Il me dit alors que Toumelin et Suaudeau lui avaient demandé avant le match si j'étais là. « Ils te cherchaient, j'ai répondu que t'étais malade. » Un porte-bonheur ne doit jamais être malade.

Deux ans après, les Nantais de Jean-Claude Suaudeau sont champions de France, au terme d'une saison inouïe. Je ne les ai pas vus jouer une seule fois à la Beaujoire cette année-là, mais j'ai pris du plaisir à en parler avec Coco au téléphone. Il avait peut-être trouvé un autre porte-bonheur, il ne m'en a rien dit.

↓ La victoire 6-0 de Nantes sur Montpellier.

QUIZ!?

SOLUTIONS

Pages 52-53

Le tour du monde de la superstition en 10 athlètes

Réponses : 1B ; 2C ; 3A ; 4C ; 5B ; 6A ; 7C ; 8A ; 9C ; 10B.

Page 61

Bois-la comme Gretzky

Réponses : 4 - 1 - 3 - 2.

Oui, chef !

Réponses : 1 et 2. Les restaurants de Roland-Garros et de l'hippodrome de Vincennes.

Alexeiev, c'est du lourd

Réponse : 1. 500 g de caviar.

Page 71

La phobie du chiffre 13 se nomme...

Réponse : 6. La paraskévidekatriaphobie est la peur du vendredi 13 ; l'hexakosioihexekontahexaphobie, c'est la peur du nombre 666 ; la chionoshérophobie, c'est la peur des boules de neige ; la congiariophobie, c'est la peur des loteries ; l'hippopotomonstrosesquippedaliophobie, c'est la peur des longs mots.

Quelle célèbre voix du football français a prononcé cette phrase ?

Réponse : 3. Guy Roux.

Page 109

Oh, la barbe !

Réponse : 4. Björn Borg. Le Suédois s'est imposé à Wimbledon de 1976 à 1980 avant de perdre en finale contre l'Américain John McEnroe en 1981.

Page 113

Dessine-moi un...

Réponse : 3. Un chat.

Page 122

Lanceur Turk Wendell

Réponse : 5. Il portait le numéro 99 qui est aussi un numéro de chance dans l'histoire du base-ball.

REMERCIEMENTS

Étienne Bonamy tient à remercier ce copain et coéquipier dans son équipe de foot universitaire qui insistait pour manger une part de flan juste avant chaque match le jeudi parce qu'elle lui donnait de la force. Et comme il était un bon buteur et moi gourmand, j'y ai cru. Une fois. J'ai tout vomi sur le terrain avant la mi-temps. Remplacé. Malade. Lui a marqué, on a gagné. Heureux.

Christophe Duchiron remercie ses parents de l'avoir fait naître sous une bonne étoile, un dimanche 2 plutôt qu'un vendredi 13 ! Il n'a jamais rien gagné aux jeux mais il est très heureux en amour. Pendant l'écriture de cet ouvrage, imperméable à toute forme de superstition, il a changé de caleçon à plusieurs reprises.

Manuel Tissier remercie le radio réveil de son enfance qui affichait (presque tous les soirs) l'horaire très satisfaisant de 22:22, promesse d'une bonne nuit et d'une journée réussie. Merci aussi au slip fétiche de l'Étoile du Nord pour toutes ces années de fidélité.

CRÉDITS ICONOGRAPHIQUES

1re et 4e de couverture : Rafael Nadal, Serena Williams, Zinédine Zidane, Johan Cruyff : Presse Sports ; loto, lapin, fer à cheval, mains, trèfle, cartes, potion : Freepik ; chaussures de foot, ballon de foot : stock

Presse Sports, pages : 6, 15, 20, 22, 23, 27, 28, 34, 38, 41, 42, 49, 54, 55, 56, 63 (gauche), 68, 71, 74, 76, 80, 82, 83, 85, 86, 88, 90, 92, 97, 98, 101, 104, 106, 107, 108, 112 (droite), 113, 114, 116, 128, 133, 136, 144, 148, 158, 164-165, 166, 168, 169, 172.

IconSport, pages : 11, 24, 31, 37, 58, 75, 95, 96 (bas), 109, 111, 112 (gauche), 119 (haut), 131, 134, 140, 143, 163.

Panoramic, pages : 45, 46 (droite), 69, 81.

Alamy, page : 152.

AFP, pages : 130, 155, 156.

iStock, pages : 4 (trèfle), 5 (haut), 13, 18, 102, 126, 139, 147, 151, 167.

Freepik, pages : 4 (sauf trèfle), 5 (bas), 8, 12, 32-33, 50-51, 59, 60, 62, 63 (droite), 64, 65, 66-67, 70, 72-73, 78, 91, 92 (haut), 96 (haut), 110, 120, 122-123, 124-125, 170.

Wikimedia Commons, page : 121.

Droits réservés, pages : 16, 46 (gauche), 94, 119 (bas).

SOLAR

DIRECTEUR
Didier Férat

DIRECTEUR ÉDITORIAL
Jean-Philippe Bouchard

ÉDITION
Corentin Bréhard, Diane Le Poëzeller

DIRECTRICE D'OUVRAGE
Cécile Thomas

CONCEPTION GRAPHIQUE & MISE EN PAGE
Mathieu Robert (Mexiiico)

RELECTURE
Judith Lévitan

FABRICATION
Emmanuelle Laine

Solar, un département d'Édi8
Retrouvez-nous sur www.lisez.com

ISBN : 978-2-263-18712-4
Code éditeur : L18712
Dépôt légal : octobre 2024

Achevé d'imprimer par Lego (Italie) en septembre 2024.